D0732925

ALAIN GRANDBOIS

Les documents illustrant le présent ouvrage sont dus à la courtoisie de M. Clément Saint-Germain. Les photographies anciennes proviennent de l'album familial d'Alain Grandbois.

En page couverture :
Alain Grandbois (photo André Larose)

Madeleine Greffard

ALAIN
GRANDBOIS

235 est, boulevard Dorchester, Montréal

*Cet ouvrage a bénéficié d'une subvention
du ministère des Affaires culturelles du Québec,
au titre de l'aide à la publication.*

Numéro de la fiche de catalogue
de la Centrale des bibliothèques — CB : 75-9998
ISBN : 0-7755-0564-1

À MA FILLE CATHERINE

INTRODUCTION
À L'OEUVRE
D'ALAIN GRANDBOIS

PROFIL

«La poésie est née par le fait non d'hommes qui se proposaient d'être poètes, mais d'êtres qui atteignirent la poésie en disant l'existence.» [1]

La beauté éclatante de la poésie d'Alain Grandbois surgit dans notre littérature comme un ferment et une provocation. Provocation aussi son mode de vie, sa jeunesse vécue à l'étranger, son affranchissement apparemment total des contraintes limitatives du milieu québécois. A ceux dont l'ombre s'allonge dans l'axe du clocher natal, il crie sa vie de Vancouver à Moscou, d'Hankéou à Paris. A ceux qui filent de génération en génération le fil du silence avec la laine du pays, il dit les vertiges de l'amour et la beauté des «délires délivrés». Poète cosmique, chantre de la femme, créateur d'images fulgurantes, il est pour les poètes de la «jeune génération», l'anti-mythe de Saint-Denys-Garneau. L'isolement, la difficulté d'être, l'impuissance à dire semblent par lui vaincus. Il témoigne de la possibilité, pour un Québécois d'être citoyen du monde et du Panthéon.

Des quelques entretiens accordés par cet homme réservé, il ressort qu'Alain Grandbois eut le privilège, rare partout dans le monde et en particulier ici, de trouver dans son berceau,

---

1. Jules Monnerot, *La Poésie moderne et le sacré*, Paris, Gallimard, 1949.

sous toutes ses formes, la liberté. Liberté d'épanouissement d'un enfant qui peut vivre à sa fantaisie, poursuivre ses études hors cadre, voyager dès l'adolescence. Liberté du fils de famille qui, sa licence en droit obtenue, peut se donner tout entier à la seule occupation qui l'intéresse: vivre. Vivre, c'est pour lui, partir, voir de ses yeux le monde multiple et merveilleux, proche et lointain, vaste mais circulaire. Etre au coeur de la vie contemporaine dans le Paris de Hemingway et de Cendrars, des Surréalistes, des réfugiés de partout et de toutes les révolutions; se trouver en Espagne en 1935, en Allemagne en 1937, mais aussi pénétrer vivant dans le passé, se perdre dans le fascinant Orient affranchi du temps par la religion comme par son opium. Vivre: jouir de la maîtrise de son corps dans l'exploit sportif, défier la mort dans la course automobile. Et surtout se sentir libre, se savoir éperdument amoureux de la terre, avec ces élans de passion soudains pour tel paysage dormant à des mers et des continents de distance, et pour le contempler, tout quitter, brusquement. Car Grandbois est un rêveur actif. Le lecteur de Nerval, de Maeterlinck, de Mallarmé avait sans doute appris très tôt de son grand-père aventurier, que le rêve est caché au coeur du réel, à conquérir sur lui comme des terres nouvelles sur l'inconnu.

Son existence marginale, aventureuse, ses rencontres avec les grands noms européens de l'entre-deux-guerres, Grandbois ne les a pas exploitées pour éblouir ses compatriotes ou pour satisfaire leur curiosité. Il n'a donné de lui que son oeuvre, là où l'expérience vitale, débanalisée, transfigurée par la parole poétique, cesse d'être miroir de soi pour réfléchir les mille et un visages de l'homme.

Exception faite de *Né à Québec* et des *Poèmes* naufragés d'Hankéou, l'oeuvre de Grandbois coïncide avec son retour au pays. La retraite prématurée semble avoir aiguisé chez lui le besoin d'écrire. Coupé des routes et de la vie nomade par la guerre, il retrouva avec *Les Voyages de Marco Polo*, le chemin de l'Asie, avec *Avant le chaos*, les ciels de sa jeunesse. Ces oeuvres témoignent d'une liberté dans le choix du sujet et dans le traitement (je pense ici à certaines nouvelles d'*Avant le chaos*) que le régionalisme d'alors ignorait. Mais le «souffle de tornade» fut apporté par *Les Iles de la nuit*, en 1944. «J'ai

12

été le premier à pratiquer le vers libre ici» [2], déclare Grand-bois. Saint-Denys-Garneau avec *Regards et jeux dans l'espace* en 1937 et Anne Hébert, avec les *Songes en équilibre* avaient rompu avec des formes de sentir et d'écrire rigides et emprun-tées. Mais leur oeuvre en ses débuts n'avait ni le souffle ni la liberté créatrice, ni la plénitude des *Iles de la nuit.* Avec cette oeuvre, la poésie naissait au Québec. *Rivages de l'homme,* paru en 1948 et *L'Étoile pourpre,* en 1957, confirmèrent le génie de Grandbois. La reconnaissance officielle n'avait pas tardé: le prix David lui fut décerné une première fois pour *Les Voya-ges de Marco Polo* ensuite pour *Les Iles de la nuit,* et le prix Duvernay couronna en 1950 l'ensemble de son oeuvre. Nous étudierons d'abord les oeuvres de prose dans l'ordre chronolo-gique, puis la poésie comme un tout organique et significatif.

---

2. *Le nouveau Journal,* «Alain Grandbois», samedi 10 mars 1962, entrevue accordée à Gérald Godin.

I. L'OEUVRE DE PROSE

NÉ À QUÉBEC

Né à Québec parut à Paris en 1933. Ce livre, en même temps qu'une biographie de Louis Jolliet, est une large fresque de l'histoire de la Nouvelle-France depuis Champlain jusqu'aux derniers jours de Frontenac.

L'ouvrage se divise en trois parties. La première s'ouvre en France sur les rêves d'Adrien d'Abancourt, adolescent fasciné par les récits du Nouveau-Monde, séduit par l'aventure en Canada. Elle s'achève sur un autre rêve, celui de son petit-fils, Louis Jolliet, quittant le Séminaire de Québec afin de se faire explorateur de ce continent encore inconnu. Entre ces deux destinées s'inscrit toute l'histoire de la petite colonie: difficultés du côté de la France qui ignore ses besoins, difficultés dans les relations avec les Indiens, alliés et ennemis, rivalité des pouvoirs politique et religieux.

L'expédition de Jolliet et de Marquette au centre du pays fait l'unité de la deuxième partie. Dès le début, la diversité des mobiles apparaît. Officiellement, il s'agit d'enrichir le royaume. Le mirage de mines de cuivre dans les Grands-Lacs et l'espoir d'un passage vers la mer Vermeille, ce qui signifiait l'accès aux richesses de l'Orient, justifient aux yeux de la métropole les dépenses de l'expédition. Pour Jolliet, il s'agit d'une aventure qui répond au besoin de reculer les frontières de l'inconnu. Marquette n'a qu'un souci: porter le plus loin possible la parole de Dieu. Le voyage s'accomplira malgré les obstacles:

Les parents du poète, Bernadette Rousseau et Henri Grandbois, au début de leur mariage

rivalités au sein des gouvernants, opposition passive des Indiens, délais indéfinis. Louis rentrera à Québec vainqueur de l'espace, des indiens et de la mort, sauvé de justesse d'un naufrage aux rapides de Lachine où s'engloutit son journal de bord.

La troisième partie relate surtout l'expédition de reconnaissance que fit Jolliet aux postes anglais de la Baie d'Hudson dont le développement pesait sur la colonie comme une menace de surcroît. Le livre s'achève sur la disparition en mer d'un Jolliet devenu seigneur des îles Mingan et Anticosti.

Né à Québec s'appuie sur une documentation sérieuse et large. Olivar Asselin se refuse à qualifier ce récit de vie romancée tant, selon lui, l'auteur s'en est tenu strictement aux faits authentiques, véritables, étudiés dans les archives [1]. Cependant, l'ouvrage n'a pas l'appareil scientifique des biographies historiques. L'auteur ne distingue pas, pour le profit du lecteur, les faits historiquement certains de ceux qui appellent des réserves. Quand l'histoire manque, son imagination supplée. Il prend partie dans certains cas litigieux sans se soucier d'indiquer les difficultés qu'ils présentent. Ainsi il exalte Jolliet au détriment de Cavelier de la Salle, présenté comme un intrigant et un ambitieux; toute son audace aurait consisté à refaire le chemin parcouru par Jolliet, et à obtenir la gloire refusée à celui-ci. Il se rallie ainsi à tout un courant d'interprétation, ce qui est certes son droit; le lecteur intéressé par la vérité historique peut cependant regretter qu'il taise l'existence de points de vue opposés dans la compréhension de ces deux personnages.

Le récit par contre gagne en intérêt. Les documents historiques accumulés, structurés, le poète les prend en main comme une matière à animer de son souffle. Plus qu'une biographie de son ancêtre, il entreprend, au-delà du temps, une confrontation avec son pays. L'immensité de l'Amérique, la dure beauté de ses paysages, ses hivers mortels qui font avorter les projets les plus audacieux, Grandbois les affronte en même temps que son héros. Les rivalités, les mesquineries, les élans d'héroïsme transplantés de la vieille Europe et si vite acclimatés,

---

1. Cf. *Le Canada*, 8 janvier 1934, p. 2.

il les sent comme un milieu humain à la fois particulier et pareil aux autres, tant les destins s'y vivent, sinon de la même façon, du moins pour les mêmes enjeux.

Ce monde passé, le poète Grandbois le regarde avec ce même regard avide de saisir dans leurs formes et leurs couleurs tous les «visages du monde», capable de garder vivants, à travers un nom, une image:

> Ils déploraient la perte de leur barque, accusaient le destin, regrettaient Saint-Jean-de-Luz, les voiles rouges sur le golfe bleu, et ces belles filles du port qui dansent le fandango, les soirs d'été, avec des rires clairs en levant leurs bras ronds [2].

à travers une attitude, un personnage :

> Drapés dans des manteaux aux teintes vives, coudes écartés et paumes aux genoux, voici les anciens [3].

Son attitude à l'égard des personnages est d'ailleurs remarquable. Il les manipule non comme ses créatures, mais en êtres vivants, aux âmes insaisissables. Leurs pensées nous sont révélées par leurs actes:

> Il revint à Québec, rôda autour du fort, eut faim. Un soir il descendit à la mission. Le Père Lejeune dînait. Après le repas, le Jésuite prit sa première leçon d'Algonquin [4];

leurs actes, par leurs conséquences:

> Certains, par les nuits de lune, s'enfonçaient dans les bois. On vit luire des verroteries au cou des sauvagesses [5].

Ce procédé elliptique, très souvent employé, donne au récit un ton alerte et au lecteur, le plaisir de l'imprévu.

La composition de l'oeuvre a suscité des réserves. Grandbois indique en sous-titre, récit, et non biographie. S'il eut voulu uniquement retracer la vie de Jolliet, toute la première partie, qui constitue plus du tiers de l'ouvrage, serait hors de propos. La figure de l'explorateur n'apparaît que de temps à autre, esquissée par le romancier là où l'historien reste muet. Par contre, toutes les difficultés de la colonie nous sont racontées. Se-

---

2. *Né à Québec*, p. 24.
3. *Ibid.*, p. 137.
4. *Ibid.*, p. 29.
5. *Ibid.*, p. 44.

lon Maurice Hébert [6], Grandbois écrit pour le lecteur français «ce qui explique (...) tant de pages qui sont, pour l'architecture du récit, des hors-d'oeuvre. Il convient de reconstituer, pour le lecteur de France, toute l'atmosphère du milieu colonial canadien». Même dans les deuxième et troisième parties, centrées sur les expéditions de Jolliet, jamais la vie du héros ne prend réellement le pas sur celle de la colonie. Il est en gros plan quand, par ses expéditions, il participe activement à l'histoire de la Nouvelle-France, il sort de l'écran lorsque la vie de la colonie se déroule sans lui. Que Grandbois ait eu le souci d'initier ses lecteurs à une histoire qui ne leur était pas familière, cela est probable. Il faut toutefois noter qu'Ernest Gagnon dont le *Louis Jolliet* figure dans la bibliographie de Grandbois s'était attiré de Mgr Camille Roy les mêmes reproches: en voulant replacer le héros dans son cadre, il n'aurait pas toujours su le maintenir au centre du tableau. L'esprit méticuleux de l'historien l'entraîne à des développements hors de propos, ce qui n'est pas le cas chez le romancier. Un regard sur la bibliographie de ce dernier nous convainc que les documents sur l'histoire générale de la Nouvelle-France sont (du moins en 1933) beaucoup plus nombreux que ceux qui intéressent la vie personnelle de Jolliet; le projet d'une large fresque s'imposait de lui-même. Quoiqu'il en soit, on trouve dans cette première oeuvre l'esprit qui caractérisera *Avant le chaos*. L'auteur néglige la composition traditionnelle qui place le protagoniste au centre d'un univers dont il est le point de convergence et la raison d'être. Pour lui, l'homme s'insère dans un monde qui lui pré-existe et lui survivra. Il respecte le déroulement du temps avec ses heures de gloire et ses revers de fortune, ses périodes d'intensité suivies d'interminables piétinements. Il ne fixe pas les êtres dans une attitude, mais saisit la relativité des passions que le temps atténue. Après avoir fait revivre pour nous l'hostilité légendaire de Mgr de Laval et de Frontenac, il nous fait voir le gouverneur vieillissant réconcilié avec son ancien ennemi. Sans phrases, il remet à sa place l'homme dont la mort ne cause guère d'autres remous que celui où s'engouffre son canot.

---

6. *Les Lettres au Canada français*, Montréal, Ed. Albert Lévesque, p. 53 à 71.

Oeuvre objective, *Né à Québec* porte toutefois l'empreinte de son auteur. Ceci est particulièrement frappant dans l'examen du premier chapitre, du titre, et du sujet.

Le premier chapitre est presque tout entier dû à l'imagination de Grandbois. Il a pour sujet l'immigration d'Adrien d'Abancourt, grand-père de Jolliet, au Canada. Nous le voyons d'abord, adolescent fasciné par la découverte du Nouveau-Monde, qui se grise des récits de tous les explorateurs. Pendant des années, il se laisse bercer doucement par les rêves qu'ils font naître en lui; il les fait partager à sa femme, et tous deux s'embarquent à La Rochelle avec leur petite fille, à destination du Canada. «L'Aventure prit tour à tour les visages sans gloire du froid, de la fatigue et de la faim.» [7] D'Abancourt disparaît un jour en plein golfe; il laisse, nous dit l'auteur, «peu de biens, une fille, mère de Jolliet, et un surnom: La Caille» [8]. Le rêve est devenu destin. Le Français d'Abancourt a trouvé en Amérique l'accomplissement de soi; le nom des registres d'état civil a fait place au surnom; il est devenu «l'homme des solitudes», semblable à l'oiseau qu'une saison ramène, et qu'une autre rappelle.

Pourquoi Grandbois a-t-il développé ce caractère quand d'autres se seraient bornés à indiquer un nom à la racine de l'arbre généalogique? Ce personnage l'intéresse à plus d'un titre. C'est un rêveur duquel il se moque parfois gentiment et dans lequel certainement on peut reconnaître le petit garçon que les récits d'aventures grisaient. La dédicace est d'ailleurs éloquente: «A mon père qui enchanta mon enfance en me racontant de belles histoires». Mais ce rêveur passe à l'action. La migration où son rêve l'entraîne produit une mutation: la France est à jamais quittée, un type d'homme nouveau apparaît, qui ne se sentira chez lui que dans les espaces américains. Tel est d'ailleurs le sens du titre choisi par Grandbois: *Né à Québec*.

Olivar Asselin n'apprécie guère ce titre, trop énigmatique et trop recherché selon lui [9]. Il l'interprète en prenant appui

7. *Né à Québec*, p. 20.
8. *Ibid.*, p. 20.
9. Olivar Asselin, *Né à Québec*, *Le Canada*, 8 janvier 1934, p. 2.

sur un épisode de l'expédition de Jolliet à la Baie d'Hudson. Au gouverneur Nixon qui cherchait à s'attacher les services de cet explorateur audacieux, Jolliet répond «qu'il désirait, né sujet du roi de France, continuer à servir sa gloire» [10]. *Né à Québec* égale «Je me souviens». Roger Duhamel [11], de son côté, s'appuie sur un autre passage pour voir dans le titre, non l'affirmation d'une fidélité à la France contre l'Angleterre, mais le sentiment d'une singularité qui sépare Jolliet, le Québécois, de la France où le conduit un voyage d'études. Grandbois dit à cette occasion de son héros: «Il se sentait d'une race et d'un sol différents.» [12] Ce passage devient encore plus significatif si l'on considère que le refus opposé par Jolliet au gouverneur de la Baie d'Hudson est attesté par la tradition alors que les sentiments éprouvés lors de son séjour en France ne sont pas du domaine de l'histoire. Sans doute est-ce la sensibilité du jeune Québécois à Paris qui a servi de guide au biographe. Le choix de *Né à Québec* comme titre, plutôt que Louis Jolliet, qui s'imposait plus naturellement, trahit sans doute l'importance que l'auteur attachait à la prise de conscience qu'il avait faite, et qu'il prête à son héros, d'une identité québécoise, qui est à la fois fidélité avouée à ses origines et singularité indéniable. Il faudrait donc comprendre le titre en réunissant les deux passages cités par Olivar Asselin et Roger Duhamel. S'il faut à chacun la rencontre de l'autre pour se connaître lui-même, il faut à tout Québécois la confrontation avec la France et le monde anglo-saxon pour savoir qui il est. Alors que tant d'écrivains d'alors et une partie de «l'élite» rêvaient d'un retour à la mère patrie, le voyageur Grandbois, de la France où il se trouve, apprend et accepte ce que veut dire *Né à Québec*.

On peut se demander ce qui a poussé Grandbois, qui n'est ni historien, ni romancier, à s'astreindre à un récit dans lequel l'imagination est sans cesse endiguée par les faits. Quel intérêt l'a guidé vers Louis Jolliet? Il nous répond lui-même qu'il est un descendant, sinon de Louis, du moins de la famille Jolliet. Mais un si lointain ancêtre n'eût pas commandé un tel hom-

---

10. *Né à Québec*, p. 182.
11. Roger Duhamel, *Montréal-Matin,* samedi 2 avril 1949, p. 4.
12. *Né à Québec*, p. 82.

Alain Grandbois à l'âge de sept ans

mage si Grandbois ne s'était senti en étroite parenté d'âme avec lui. Les découvertes de l'explorateur, il les refait avec la passion de voir le monde qui déjà, à dix-huit ans, l'avait mené d'Halifax à Vancouver, de Vancouver à Los Angeles [13]. Pour ce voyageur, qui est d'abord un imaginatif, les paysages tels qu'ils se déroulent sous ses yeux sont insuffisants. Il lui faut les rejoindre à travers le temps, à ce moment privilégié où le désir d'un homme les fit jaillir du secret de leur silence. C'est ce même besoin d'un instant originel qui le poussera, lui qui l'a connu au XXe siècle à raconter l'Orient par les yeux éblouis de Marco Polo, premier Européen connu à pénétrer ses incroyables merveilles.

Il est, selon nous, assez significatif que Grandbois, un des Québécois les plus émancipés de son temps, ne se soit pas mis à «l'heure de Paris» pour faire son entrée en littérature. Il n'a pas craint de s'affirmer dans la différence. Il atteste ainsi la vitalité de ses racines et la liberté suprême qui semble le caractériser: l'aisance à être soi.

> Et c'est avec une légitime fierté que nous pourrons alors regarder, sur leurs socles de pierre, éternels et vigilants protecteurs de la patrie définitivement constituée, les bustes des glorieux ancêtres [14].

En écrivant *Né à Québec*, Grandbois ne cherche pas à exhumer des statues par devoir patriotique. Il évoque des hommes dont le destin le hante; il rythme son souffle sur le leur et rejoint, par delà toutes les déperditions d'énergie, la hardiesse et l'enthousiasme de ceux pour qui tout horizon était à reculer. Mais il ne cède jamais au sentiment de la grandeur.

> Il descendait maintenant un fleuve [...] Louis établissait son campement à l'ombre des îles, au creux des anses. Il avait interdit les feux, les chants, l'usage du mousquet [...] Un homme, chaque nuit, montait la garde. Et le royaume de France, chaque jour, s'agrandissait de dix lieues [15].

Ceux qui font l'histoire ne connaissent que le quotidien des faits vécus. D'autres embouchent la trompette.

---

13. Cf. *Le Soleil,* vol. 68 no 216, 11 septembre 1965, p. 28.
14. Séraphin Marion, *Relations des voyageurs français en Nouvelle-France au XVIIe siècle,* Paris, 1923, P.U.F.
15. *Né à Québec,* p. 141.

Né à Québec publié à Paris en 1933, connut quatre éditions. Fides en donna la première édition québécoise en 1948, dans la collection du Nénuphar, puis le réédita en 1962.

Roger Duhamel, dans la critique qu'il fait de l'oeuvre lors de sa parution au Québec, indique que ce livre «n'a connu au Canada aucun lancement, de rares exemplaires se sont vendus à la bonne fortune des bouquinistes» [16]. Berthelot Brunet, dans son *Histoire de la littérature canadienne-française,* l'ignore, tout en mentionnant *Les Voyages de Marco Polo* et *Les Iles de la nuit.* Victor Barbeau, par contre, le connaît. Son amitié pour l'auteur explique peut-être son intérêt plus que l'écho du livre au Québec. Maurice Hébert pour sa part, lui consacra un très bel article, de même qu'Olivar Asselin. Pour le père Baillargeon [17], *Né à Québec* est la meilleure oeuvre de Grandbois.

LES VOYAGES DE MARCO POLO

Les Voyages de Marco Polo, paru en 1941, est né de la synthèse entre l'érudit, le poète et le voyageur. Prenant comme base le *Livre des merveilles* de Polo auquel il ajoute des développements sur l'histoire et la religion orientales, Grandbois refait le voyage de l'aventurier. Celui-ci, de sa prison de Gênes, avait dicté la somme de ses connaissances. «Il a pensé que ce serait trop grand malheur s'il ne faisait mettre par écrit ce qu'il avait vu ou entendu par vérité. Afin que les autres gens, qui ne l'ont ni vu ni entendu, le sachent par ce livre.» [18] Grandbois donne à ce récit statique le rythme du voyage, l'étonnement de la découverte. Polo devise des villes et des pays un peu comme un instituteur dévide son savoir.

> Et sachez qu'en cette Grande Arménie, est l'arche de Noé sur une grande montagne [19].

---

16. Cf. *Montréal-Matin,* samedi 2 avril 1949, p. 4.
17. Baillargeon, *Littérature canadienne-française,* Montréal et Paris, Fides, 1957.
18. *Le Livre de Marco Polo, ou le Devisement du monde,* A. T'Serstevens, Paris, Albin Michel, 1957, p. 53.
19. *Ibid.,* p. 74.

Grandbois nous fait découvrir les lieux comme ils l'ont atteint, avec leurs qualités physiques et leur aura de légende.

> Le sol s'élevait de plus en plus, l'air devenait vif, froid. Les Polo parvinrent au pied d'une haute montagne couverte de neige éternelle, que l'on nommait Arrarat. La légende voulait que l'arche de Noé, après le déluge, se fût placée sur son sommet [20].

Le poète pour qui le monde visible existe avec une charge maximum de beauté et de suggestion, substitue partout aux transitions raides de l'aventurier l'enchaînement naturel des paysages.

> Quand on part de l'île d'Angaman et qu'on navigue mille milles vers l'ouest, on ne rencontre rien, mais vers le sud-ouest on trouve l'île de Seilan, qui est par sa grandeur, la meilleure île du monde [21].

> En quittant les côtes de Carnatic, les voyageurs naviguèrent sur les eaux vertes d'un golfe peu profond, fréquenté par des pêcheurs de nacre et de perles, et abordèrent Ceylan, l'île éblouissante de la Haute-Montagne [22].

On trouve ici l'enthousiasme du voyageur avide de saisir dans chaque lieu, une couleur, une image qu'il ne pouvait trouver que là. Polo relate les faits:

> Ils partirent donc d'Acre et allèrent à Négrepont, et de Négrepont naviguèrent jusqu'à Venise. Et quand ils furent à Venise, Messire Nicalao trouva sa femme morte [23].

Grandbois les vit.

> Les Polo descendirent de leur galère devant la place Saint-Marc. Des gens s'étaient attroupés. Ils regardaient avec étonnement ces deux étrangers à la mine identique, vêtus de façon bizarre, et que suivaient de petits hommes jaunes, noirs, aux yeux luisants, à turbans multicolores, portant des ballots d'étoffes lourdes, des coffres de bois de santal, des cassettes incrustées d'argent... [24].

Au laconisme se substitue la splendeur de l'imagination.

20. Alain Grandbois, *Les Voyages de Marco Polo*, Ed. Valiquette, 1941, p. 42.
21. *Le Livre de Marco Polo*, p. 255.
22. *Les Voyages de Marco Polo*, p. 203.
23. *Le Livre de Marco Polo*, p. 62.
24. *Les Voyages de Marco Polo*, p. 31.

Les enfants Grandbois, de gauche à droite, Alain, Gabrielle, Jean-Marie (âgé à l'âge de douze ans), Louis et Madeleine

On retrouve dans *Les Voyages de Marco Polo* certains traits de *Né à Québec:* une sorte de fusion auteur-héros qui confère la vie au récit, aux paysages comme aux faits humains. On y trouve en plus une sorte de fascination pour un temps qui offre la sécurité de l'éternel. Les Polo semblent ignorer le temps qui passe et ce qu'ils ont laissé derrière eux. Ils voyagent des années pour atteindre telle ville dont on leur a parlé, se joignent à telle caravane qui passait par là, continuent avec une autre qui les emmène plus loin. Leur disponibilité est entière. Après quatorze ans d'absence et parce qu'ils sont immobilisés à Saint-Jean d'Acre, ils se souviennent de Venise. Ils paraissent envoûtés par l'Orient au plein sens du terme. Dans *Né à Québec,* le temps n'était pas cette ligne infinie. Le retour implacable des saisons en faisait un temps cyclique, contre lequel le héros devait lutter pour agir. Le printemps et l'été, les routes s'ouvraient à l'aventure, l'hiver les refermait sur l'immobilité et le silence. Une dimension nouvelle apparaît aussi: celle du merveilleux. Déjà au XIIIe siècle, les Vénitiens accueillirent avec réticence «le récit de Messire Marco Polo, sage et noble citoyen de Venise, qui vit tout cela de ses yeux, et ce qu'il ne vit pas, il l'entendit d'hommes sûrs en vérité» [25]. Grandbois ne juge pas, son imagination se nourrit d'un monde étrange et fascinant.

> Quand l'épisode est vieux de sept siècles, on est vraiment peu excusable de ressasser les péripéties [26].

Il s'agit certes d'une oeuvre qui est hors du temps, que rien n'appelait et dont les lecteurs ne seront probablement jamais très nombreux. Les historiens lui préféreront toujours le *Livre des merveilles.* Quant aux lecteurs de bonne volonté, ils s'y sentent mal à l'aise, car si Grandbois a rendu le texte plus vivant, il ne l'a pas pour autant allégé. Les noms de lieux dont on ne sait pas, à moins d'être initié, à quoi ils renvoient, les personnages historiques dont l'ombre n'a même pas passé sur «notre» histoire, risquent fort d'agacer. Peut-être le nom de Grandbois égarera-t-il le lecteur de littérature québécoise sur des routes qu'il aurait sans lui évitées.

25. *Le Livre de Marco Polo,* p. 53.
26. Pierre-Elliot Trudeau, in *Amérique française,* 1, 1941, pp. 45-46.

Le grand intérêt d'une oeuvre comme celle-ci est de nous laisser entrevoir une partie des motivations du voyageur Grandbois. Pourquoi, lui qui a vu l'Orient, n'a-t-il pas écrit: *L'Orient d'aujourd'hui*, *Un Québécois en Chine* ou *x années en Chine pré-révolutionnaire?* Ne serait-ce pas qu'il est allé en Orient justement pour retrouver, par une brèche à travers le temps, l'Orient fabuleux de Marco Polo? Ce livre nous semble attester la force de l'imaginaire chez Grandbois, le besoin d'un monde réel qui ait les dimensions du monde rêvé. L'Orient pour les Polo, n'était-ce pas l'entrée dans des terres de rêve? Ces terres inconnues et fabuleuses, impossibles à découvrir au XXe siècle sinon par des expéditions interplanétaires, Grandbois y abordera par la poésie, témoin du périple intérieur.

AVANT LE CHAOS

En 1945 paraît *Avant le chaos*, recueil de quatre nouvelles augmenté d'autant lors de sa réédition en 1964. Les nouvelles de l'édition originale s'alimentent à un fonds commun et sont écrites dans un même style. Il nous paraît donc opportun de les étudier d'abord et c'est uniquement à celles-là que nous pensons en utilisant dans cette première partie le titre *Avant le chaos*.

Avant le chaos est l'oeuvre où Grandbois s'exprime le plus directement. Dans sa préface à la première édition, il indique qu'il a «écrit ces nouvelles pour retrouver ces parcelles du temps perdu, pour ressusciter certains visages évanouis, pour repêcher (ses) propres jours» [27]. Livre de souvenirs? Peut-être. Grandbois n'a pourtant pas fait un accroc à la réserve qui le caractérise. Il ne se raconte pas lui-même. Présent, mais réduit au rôle de narrateur, il évoque pour nous le destin de personnes rencontrées au hasard de ses voyages. (Son propos s'apparente à celui de Cendrars dans *Histoires vraies*, mais là s'arrête la ressemblance, l'univers intérieur des deux voyageurs de même que leur façon de raconter étant essentiellement différents.) Il ne le reconstitue pas de façon traditionnelle, comme on refait une image déchirée en rapprochant les morceaux épars. Il nous le donne comme il l'a perçu, de façon fragmentaire et sporadi-

27. *Avant le chaos*, HMH, Montréal, 1964, p. 7.

que, au gré des aléas de sa vie. Le cadre du récit est donc extrêmement souple; il s'élargit avec les déplacements du narrateur, il s'allonge jusqu'au hasard des dénouements. «Grégor» nous fait séjourner dans au moins six villes et trois pays. «Tania» s'écoule sur plus de sept ans. Les rencontres, confidences, lettres, retrouvailles, enchâssées par des blancs d'espace et de temps, finissent par dessiner un destin sans que soit rompue la trame de la vie.

Les héros de ces nouvelles sont des déracinés: exilés du Paris de l'entre-deux-guerres, fonctionnaires ou officiers aux colonies, femmes belles et nimbées de mystère, garçons libres et désinvoltes; en somme, la société la plus familière à qui est lui-même de passage partout où il vit. Ce qui intéresse le narrateur, c'est moins les péripéties de ces vies accidentées que l'inflexion qu'elles prirent par leur rencontre avec l'amour. Celui-ci est le thème envahissant du recueil. Il semble le sujet d'une vaste enquête que l'auteur poursuit partout où il se trouve. Son échantillonnage est varié: il passe de la bohème parisienne à la société riche et oisive de Cannes, recueille les confidences du pêcheur français et du barman grec, comme celles des fonctionnaires anglais rencontrés en Orient. Mais on s'aperçoit bientôt qu'il s'agit moins d'une enquête que d'une preuve.

La légende nous parle des amours parfaites de Tristan et Yseult et de la ronce par laquelle, à travers le tombeau, leurs corps ne cessent de s'étreindre. Elle nous parle de Roméo et Juliette et de la mort où chacun, tour à tour, se précipita pour rejoindre l'autre. Le narrateur nous parle d'Hélène et de Kyrov, de Grégor et de Nariska, de Julius et Nancy qui se sont substitués pour lui à ces couples exemplaires. L'amour absolu existe, c'est ce que proclament toutes les nouvelles. Il est la rencontre fulgurante de deux êtres dont chacun est pour l'autre la Révélation et l'accès à un univers transfiguré. Ecoutons Kyrov parler au narrateur de son amour pour Nariska:

> Quand je suis auprès d'elle, c'est comme si je me trouvais tout à coup transporté au milieu d'une clairière enchantée. Les flûtes, les parfums, les chants de la fontaine, la lumière, tout. Je rêve éveillé [...] Nariska me baigne d'une sorte de lumière [...] d'une sorte de lumière céleste, sacrée [28].

---

28. *Avant le chaos*, «Grégor» p. 139.

La clairière, la fontaine, sont ici, comme dans les chansons populaires, les lieux privilégiés où s'éveille l'amour. La musique, chant de l'âme et harmonie du monde, préside à sa naissance. Le mot «enchanté» qui doit être pris dans son sens étymologique, comme presque toujours chez Grandbois, nous ramène aux contes moyenâgeux, aux philtres. C'est de la femme qu'émane désormais la lumière, et comme le soleil chez nombre de primitifs, elle est associée au monde divin. L'homme est immergé dans ce monde qu'elle recrée par sa seule présence. L'amant reçoit sa vie de l'aimée. Rien d'étonnant à ce qu'un sentiment de mort accompagne sa disparition:

> Quand je me sépare d'elle, c'est comme si j'allais vers la mort [29]. Dès qu'il me quitte, je suis comme un froid tombeau [30].

dit de son côté Nariska. L'amour transcende donc, de façon magique, le milieu naturel de la vie humaine. Il est un triomphe, une divinisation:

> Comme si nous étions éternels, et seuls, et glorieux, et alors le reste du monde n'existait plus [31].

Avant le chaos serait-il la célébration d'un amour tout-puissant donné à l'homme sa vie entière comme un rêve indéfiniment accessible? Non pas. «L'amour existe, mais comme les neiges, (il) ne peut pas durer». [32] Il semble, dans la plupart des nouvelles, qu'une fatalité extérieure s'acharne contre lui. La mort sépare Kyrov d'Hélène, la tante du major Carlton de son mari, elle fait périr ensemble Julius et Nancy. L'amitié interdit à Mantoni de céder à sa passion pour la belle Mandchoue. Mais cette fatalité qui interrompt l'amour, le magnifie. En le fixant avant son point d'inflexion, elle conserve, intact et hors d'atteinte, le sentiment d'infini qui accompagne sa naissance. Les amants séparés peuvent rêver indéfiniment d'un amour dont ils n'ont ni éprouvé, ni pressenti les limites. Le court bonheur qu'ils ont vécu prend visage de Paradis perdu qu'ils cherchent à réintégrer par le souvenir, comme la Dame au palmier, par le rêve, comme Mantoni, le fumeur d'opium. Les plus violents défient le destin, tentent de rejoindre l'autre

---

29. *Ibid.,* p. 139.
30. *Ibid,* p. 140.
31. *Ibid.,* «Tania», p. 39.
32. *Ibid.,* «Grégor» p. 145.

là où il se trouve. Kyrov le nihiliste se convertit, devient prêtre, pour retrouver Hélène par l'intermédiaire de Dieu; Nancy se dévoue aux orphelins, comme si son geste allait lui mériter l'amour de Grégor. Arrachés d'eux-mêmes et de ce qui les entoure, ils sont, aux yeux du narrateur, des confesseurs de l'Amour comme d'autres, de la foi.

Le rôle que joue l'obstacle dans la glorification de l'amour est singulièrement éclairé par la longue nouvelle qui a pour titre «Grégor». Nariska et Grégor rayonnent de bonheur. Leur amour est sans obstacle et sans ombre, ils peuvent donc l'imaginer dans la durée. Or si la passion peut se targuer de transcender le temps, c'est à la condition de ne pas se mesurer à lui. Nariska le sait et refuse une épreuve où l'amour, tel qu'elle le définit, ne peut triompher: «Je n'épouserai jamais Grégor.» [33] Elle pressent trop que la passion, comme tout phénomène, s'inscrit sur une courbe, où coïncident le point maximum et le point d'inflexion:

> Notre amour a atteint les plus hauts sommets, les plus purs. Il n'est pas possible d'aimer davantage sans que l'âme éclate [34].

Pour satisfaire la passion, il faudrait que s'abolisse la frontière du moi, que se produise, une fois pour toutes, la fusion rêvée. Acculé à l'impossible, le sentiment risque de se résorber. C'est ce que redoute Nariska. Elle refuse donc de vivre un amour dont la réalisation est toujours en sursis. Sa vie et celle de Grégor, elle les sacrifie à l'image d'un amour parfait et éternel. Le rôle que la fatalité joue dans les autres nouvelles, elle le tient délibérément dans sa propre histoire pour la maintenir intacte. Elle disparaît, laissant Grégor à son désespoir:

> Je sais que sans moi Grégor se perdra, mais je sais aussi qu'il se retrouvera [35].

L'amour le sauvera. De quoi? De la vie temporelle et relative, ennemie victorieuse de l'absolu. Grégor devenu légionnaire mourra en héros dans la campagne du Maroc. Nariska a choisi le mythe contre l'amour, le mythe de la «passion uni-

---

33. *Avant le chaos*, p. 144.
34. *Ibid.*, p. 145.
35. *Ibid.*, p. 145.

Alain. Gabrielle et Madeleine Grandbois en compagnie de leur mère

que, totale et malheureuse, et par ce malheur même, salvatrice» [36].

Le choix de Michel le pêcheur, dans la même nouvelle est à l'antipode de celui de Nariska. Il raconte un soir son expérience au narrateur. Marié au début de la guerre à la Lucia qu'il aime et qui lui rend son amour, il est bientôt appelé, puis porté disparu. Lorsqu'il revient, sa femme vit avec Carlo, et ils s'aiment. Michel ne maudit ni l'amour, ni la Lucia. Il ne reproche pas à celle-ci son infidélité au mort qu'il était devenu; un homme peut en remplacer un autre, c'est l'ordre humain. Mais ce sentiment qu'il éprouve pour une femme réelle, qu'il désire auprès de lui, il ne saurait y renoncer. Carlo se retire. «On a recommencé notre vie, on a été heureux» [37], dit Michel au narrateur. Il ne peut se bercer de l'illusion d'être l'Unique, il sait, comme les morts, que son amour périra avec lui. Mais le temps n'est pas venu de consentir à l'oubli. Vécu lucidement dans les limites de l'humain, son amour n'a pas le même coefficient d'intensité que celui de Grégor et Nariska, mais il est lourd de toute la tendresse que se portent un homme et une femme réels qui ne recherchent pas de salut au-delà du bonheur quotidien de vivre ensemble [38].

Ce récit, mis dans la bouche d'un homme simple, ne fait cependant pas contrepoids à l'amour mythique qu'exalte tout le recueil. Le narrateur même, en dépit de ses amours successives pour Tania, Nancy et Natalie vit dans son rayonnement. Tristan imaginaire, il s'invente des amours pour en souffrir et connaître l'intensité que seule procure la passion:

> C'est alors que je crus aimer Tania. Je la parai de l'auréole d'un destin mystérieusement fatal, elle vint habiter mes songes [...] J'en vins même à croire, car tel est le pouvoir magique de l'imagination — qu'elle était ma fiancée — je n'avais jamais effleuré ses lèvres — qu'elle était morte par ma faute, à la suite de mon abandon, je portais un deuil secret et je me jurai un veuvage éternel [39].

---

36. Denis de Rougemont, *L'Amour et l'Occident,* Paris, Plon, 1946.
37. *Avant le chaos,* p. 98.
38. Il faut toutefois noter que cette histoire réaliste s'achève par une revanche du romanesque: la fille de Michel et de Lucia épouse le fils de Carlo!
39. *Avant le chaos,* p. 59.

Il n'en continue pas moins, dans l'ensemble des nouvelles, à savourer la vie. Il va où son goût le pousse, s'entraîne pour les championnats de tennis et de natation, passe des nuits à boire... Son rythme est celui du lecteur, son rôle, contradictoire: témoin de l'absolu par ses récits, il en est la négation par sa vie.

«Dans nos pays [...] vous avez perdu le sens du rêve.» [40] Si l'Orient ne recèle plus les merveilles qui ont ébloui Marco Polo, il offre cependant au voyageur ses paradis artificiels. Cette «tentation de l'Orient» apparaît dans «Le rire» et dans l'épilogue de «Tania» auquel nous nous arrêterons un instant.

Le narrateur retrouve au hasard d'un voyage à Hanoi une femme qu'il avait connue à Paris et aimée en secret. Elle lui semble «si différente que l'on pourrait croire qu'il s'agit d'un autre être» [41]. Son mari lui apprend qu'elle est une adepte de l'opium: Tania a survécu à la révolution russe, au massacre de sa famille, s'est évadée de Russie, a fait tous les métiers, a publié un roman et écrit des poèmes. Avec Christian, elle avait enfin trouvé l'amour: «Elle était heureuse, elle me le disait, me le prouvait à chaque instant», dira son mari [42]. Mais voici qu'elle se détourne du bonheur et se réfugie dans les paradis artificiels. Pourquoi? «Tu ne saurais comprendre», dit-elle au narrateur. «J'ai enfin trouvé le calme, la paix, la joie qui ne trompent pas. Les formes du mal se sont évanouies. Ma terre est purifiée, lumineuse. Mes songes me nourrissent.» [43] Si un être aussi énergique que Tania, qui a su affirmer sa volonté de vivre dans les circonstances les plus pénibles, choisit de déserter au moment même où elle connaît le bonheur, n'est-ce pas infirmer celui-ci? Son geste proclame la puissance de la subjectivité qui triomphe de l'univers adverse non plus dans une lutte stoïque ou dans l'harmonie précaire établie par l'amour, mais dans l'abolition arbitraire du monde extérieur, geste qui isole aussi sûrement que la folie, mais est revendiqué comme un choix.

---

40. *Avant le chaos,* p. 181.
41. *Ibid.,* p. 70.
42. *Ibid.,* p. 71.
43. *Ibid.,* p. 75.

Aux yeux de son mari et du narrateur, ce choix est une évasion dans la mort. Pour eux, Tania est devenue un fantôme, «son âme est épuisée»[44]. «Ses lèvres [...] dures et glacées comme celles d'une morte»[45]. Elle mourra d'ailleurs quelque temps après, mais «dans la paix véritable du Seigneur»[46]. Cette fin comporte donc une condamnation implicite, au nom de la vie, au nom de la religion occidentale.

Le thème de la mort, nous l'avons indiqué déjà, nous semble subordonné à celui de l'amour, sauf dans «Le rire». Dans cette nouvelle, la tragédie est dépassée. Epuisé par son désespoir, l'homme accède à la perspective de la «Commedia». Il y puise une force d'âme insoupçonnée. Sa vie ne s'achève pas dans un cri, mais dans un rire libérateur.

Avant le chaos a donc pour thème majeur l'amour vécu comme un absolu, comme un moyen de transcender la vie temporelle. «Tania» et «Grégor» l'expriment le plus fortement, et sur le mode direct. «Le 13» et «Le rire» centrés sur d'autres thèmes, (la fatalité et la mort) l'accueillent aussi, au fil de récit, sur le mode indirect.

Venons-en maintenant aux nouvelles ajoutées lors de la réédition de 1964. Elles offrent de grandes disparités dans l'inspiration et le traitement. «Fleur de mai» se rattache de toute évidence à la première veine, «Julius» renvoie par son contenu à la même époque, mais l'esprit et l'écriture sont différents. Quant au «Noël de Jérôme» et «Ils étaient deux commandos», elles sont sans doute ce que Grandbois a écrit de plus régional.

De la courte «Fleur de mai», il n'y a rien à dire sinon qu'elle est très attachante. Elle évoque la tentative désespérée d'une adolescente de seize ans pour échapper à son sort.

«Julius» est une page exceptionnelle dans la prose de Grandbois, autant par l'implication de l'auteur dans le récit que par le mode de narration. Le narrateur est en effet beaucoup plus engagé. Témoin dans les autres nouvelles, il se fait ici partie pour défendre le mode de vie d'un jeune homme

---

44. *Ibid.*, p. 75.
45. *Ibid.*, p. 75.
46. *Ibid.*, p. 76.

oisif et fortuné dans l'entre-deux-guerres, contre l'incompréhension où pourrait le tenir la jeunesse actuelle. Son implication apparaît dans le lien qui unit le narrateur à Julius, le héros de la nouvelle. Alors que Grégor et Kyrov des nouvelles précédentes, étaient de simples amis, Julius lui, est l'être qu'il a «le mieux connu au monde» [47], auquel il semble s'identifier comme à un double. «Nous avions la même vie facile et des goûts identiques, nous nous querellions sans cesse, il blâmait ma conduite et je blâmais la sienne.» [48] Leur intimité est si grande qu'il peut évoquer leurs amours comme des souvenirs communs.

> Nous avions aimé des gitanes au corps onduleux, des pisanes au teint mat, des américaines alcooliques [49].

De surcroît, ils sont tous deux poètes et canadiens.

Cette nouvelle s'ouvre sur un panorama du monde actuel (1964) qui reflète la nostalgie d'un temps où la hiérarchie sociale ne souffrait pas de confusion, alors qu'aujourd'hui:

> Les impôts condamnent les veuves normalement bien rentées à trouver refuge dans les asiles de charité [...] les ouvriers conduisent des Cadillac, [...] les patrons doivent s'excuser en rougissant de leur réussite [...] la valeur du citoyen consiste à appartenir à un syndicat [50].

Regard d'aristocrate perdu dans un pays en voie de nivellement social, qui ne semble guère souhaiter les révolutions populaires et se réjouir de: «Cuba maîtrisée par des aventuriers barbus» [51]. Regard d'un homme qui a joui de la liberté et est un pacifiste convaincu: «La peur des hommes de la terre entière se nourrit des cauchemars d'une guerre dite atomique.» [52]

Si Grandbois donc nous parle plus directement au début, dans une sorte de justification, il en va de même tout au long du récit. Nulle part dans son oeuvre, les références au milieu dans lequel il a vécu et à son propre mode de vie ne sont aussi précises:

---

47. *Avant le chaos,* p. 228.
48. *Ibid.,* p. 228.
49. *Ibid.,* p. 229.
50. *Ibid.,* p. 227.
51. *Ibid.,* p. 227.
52. *Ibid.,* p. 228.

´Julius n'exploitait pas les douairières un peu fatiguées par les derniers aiguillons du retour de l'âge à l'instar des jeunes comtes espagnols et des petits marquis italiens pullulant sur la côte [...] il pouvait prendre une femme dans ses bras sans qu'elle ait la crainte des chantages, de la menace des lettres au mari... [53]

Les potins de la Côte d'Azur ont même leur place:

> Si le petit prince d'Egypte courtisait éperdument Madame Gaby Morlay, si Lord Willbrought s'était cassé une jambe au polo, si le prince de Galles lançait la mode des tricots à manches courtes [...] ces nouvelles parmi les oisifs manquaient de sel [54].

Réaliste dans ses évocations, «Julius» est pourtant la seule nouvelle qui cherche à dépasser la convention dans la structure et le style. Elle est écrite d'une seule coulée, sans coupures qui marqueraient le rythme du temps ou l'organisation rationnelle des faits. Il en résulte un rythme accéléré et un développement imprévu; les accumulations, énumérations, parfois longues d'une demi-page, donnent l'impression d'une plongée dans l'abondance de la vie. Une des particularités de cette nouvelle tient au fait que l'auteur rapproche les événements sans respecter l'intermède qui les sépare. Il procédait, nous l'avons souligné au début, tout autrement dans les premières nouvelles: la narration était soumise au rythme lent de la vie vécue. Gilles Marcotte, dans un des articles les plus intéressants sur *Avant le chaos*, compare la technique de «Julius» à celle du nouveau roman: «les temps et les lieux se télescopent, les «voix» se mêlent». [55] Ce rapprochement est toutefois discutable. Les techniques du nouveau roman témoignent d'une conscience dispersée dans le réel et dans le temps, qui ne se constitue péniblement que par parcelles. «Julius» coupe tout ce qui est étranger à l'aventure racontée, juxtapose et même soude ensemble par l'effet de la coordination «et» des éléments autrement séparés dans l'espace et le temps. La conscience donc, loin d'être perdue dans l'opacité du multiple, coupe allégrement en lui pour s'affirmer en toute liberté. Les propos de Jean le Barman, attestent l'intérêt constant, dans *Avant le chaos*, que Grandbois

---

53. *Ibid.*, p. 234.
54. *Ibid.*, p. 240.
55. Gilles Marcotte, «O beaux visages de mon passé», dans *La Presse*, Montréal, samedi 25 avril 1964.

porte à la transcription du discours oral et à son insertion dans la trame du discours écrit. Le caractère imprévu de leur déroulement tient à son mode d'association. Sa syntaxe n'est pas logique mais affective; ce qu'elle lie, ce ne sont pas des parties du discours, mais les composantes de son univers. La phrase, c'est-à-dire l'unité syntaxique, s'allonge démesurément parce que celui qui l'articule prend constamment les chemins de traverse que chaque mot fait naître, et le parcourt jusqu'au bout avant de revenir à la route. Evoque-t-il Césaire, qu'il doit expliquer les raisons de son départ, les liens qui l'unissent à lui, la femme qu'il a aimée, celle avec laquelle il vit, les enfants qu'il a faits, tout ça entrecoupé de maximes, pour finir par l'éloge de son ami, un «ex-batt-d'Af.» avant de revenir à son propos principal, qu'il délaissera d'ailleurs tout aussitôt: confier à Julius une dame qui gît sans connaissance derrière le paravent. Ces quelques lignes à titre d'exemple:

> Césaire le maître d'hôtel, sa soeur se meurt à Antibes, pour des choses que l'on ne peut pas dire sauf en famille, mais Césaire et moi c'est comme les doigts de la main, il faut s'entraider dans l'affliction, d'ailleurs Césaire s'était établi avec ma soeur à moi il y a quelques années. Ça crée des liens n'est-ce pas, il a rencontré par la suite une Italienne qui lui a plu... [56]

Il y a loin de ce flot vivant de paroles aux dialogues parfois ternes des autres nouvelles. «Julius» nous fait regretter que son auteur n'ait pas plus tôt mené des expériences d'écriture libératrice en prose, d'autant plus que l'encadrent deux nouvelles fort conventionnelles.

«Le Noël de Jérôme» et «Ils étaient deux commandos» traitent de la mort et du sens que prend l'amour humain à cet instant. La technique du récit, dans les deux cas, est plus traditionnelle. Le narrateur a disparu, et avec lui, le ton anti-littéraire et l'allure moderne d'*Avant le chaos*. L'auteur habite maintenant ses personnages, qu'il nous livre de l'intérieur. Ces deux nouvelles, autant par l'esprit que par la manière, nous révèlent un Grandbois bien sage, qui n'aurait jamais quitté le Québec. Des thèmes importants s'y retrouvent toutefois, de façon simplifiée, et il n'est pas certain que le ton même de ces nouvelles

---

56. *Avant le chaos,* p. 230.

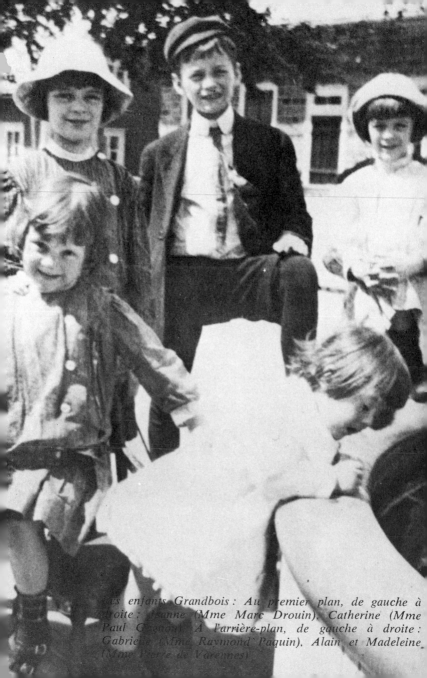

Les enfants Grandbois: Au premier plan, de gauche à droite: Lisanne (Mme Marc Drouin), Catherine (Mme Paul Gagnon). A l'arrière-plan, de gauche à droite: Gabrielle (Mme Raymond Paquin), Alain et Madeleine (Mme Pierre de Varennes)

ne soit pas une résonance fondamentale de l'univers de Grand-bois.

«Le Noël de Jérôme» semble une oeuvre de circonstance. Un homme se meurt la nuit de Noël. Les cloches qui sonnent lui font souvenir d'une autre nuit quinze ans plus tôt. Un visage de femme surgit: la solitude du moribond est vaincue. Une présence l'habite, qui l'aidera à mourir. Cette nouvelle déçoit. Les questions que pose le destin de l'homme s'effacent devant la certitude des réponses. L'au-delà est apprivoisé. Kyrov dans «Tania» croyait désespérément retrouver son amour dans l'éternité: «Hélène me l'a dit, me l'a promis, nous nous retrouverons là-bas, plus tard, plus haut, elle et moi...» [57] Pour Jérôme, l'espoir se mue en certitude: «Il ne craignait plus la mort... Il n'était plus seul. Geneviève veillait sur lui, veillait en lui depuis toujours. Elle se penchait maintenant vers lui...» [58] Kyrov, converti, devenu prêtre, incitait le narrateur à rentrer à son tour au bercail: «Je te demande ardemment, au nom du Christ, au nom d'Hélène, de Tania, [...] de chercher la foi, de la mériter, de la conserver, de la chérir.» [59] Jérôme, ému par les cloches de Noël, «s'humilia et pria son Dieu» [60].

Nous retrouvons le thème de l'amour impossible. L'obstacle est ici la peur de Jérôme due à l'idéalisation de la femme: «Jérôme comprit qu'il ne serait jamais digne de l'amour de Geneviève». Cette peur le fait défaillir devant «ce don de l'âme, si précieux et si lourd» [61]. Même refusée, livrée au désespoir et au couvent, la femme se fait médiatrice de l'au-delà: «Elle le protégeait malgré son abandon.» [62]

On peut dire de cette nouvelle qu'elle est bien léchée. La description de l'agonie nous atteint parfois, la paralysie, le froid nous menacent, mais souvent un ordre trop logique, une expression trop littéraire nous gardent de l'horreur et de l'angoisse véritables:

57. *Avant le chaos*, p. 64.
58. *Ibid.*, p. 223-224.
59. *Ibid.*, p. 76-77.
60. *Ibid.*, p. 224.
61. *Ibid.*, p. 223.
62. *Ibid.*, p. 224.

Et voilà que la mort, le fixant, le couvant, de son monstrueux regard, lui imposait l'heure! Et voici Jérôme, membres liés, en face de la mort! Comment se dérober, comment détourner le visage? Comment crier, quand la voix même s'est éteinte, et pourquoi crier? Qui répondrait à ses appels? Qui le délivrerait de ses chaînes? [63]

Dans la première partie de cette nouvelle, la conscience est emprisonnée dans le temps vécu, celui de l'agonie. Dans la seconde, ce temps apparemment inéluctable est transcendé par la présence vivante du passé. Un signal cliché (que l'auteur ne renouvelle aucunement) déclenche la mémoire involontaire. Les souvenirs arrivent en bon ordre, au son de la cloche... Le style n'échappe parfois pas au conformisme général: «Cette tendre victime aimait son dur ravisseur.» [64]

Par la sécurité où il maintient son lecteur sur tous les plans, ce «Noël de Jérôme» est un «beau conte d'amour et de mort» pour lectrices des revues féminines.

Dans «Ils étaient deux commandos», la mort n'est plus l'agonie interminable qu'on souffre sur un lit, mais l'ennemi qu'on va débusquer dans la violence de la guerre. Celui qui a maintes fois risqué sa vie dans la course automobile trouve dans la guerre un défi quasi-sportif à relever. La justification n'en est plus le seul vertige du risque, mais l'accomplissement de son devoir d'homme. Les êtres de cette nouvelle sont foncièrement bons. Roland à qui la vie a été facile choisit de s'enrôler pour protester contre les horreurs vues en Europe au début du conflit. Il refuse de bénéficier de ses privilèges d'homme instruit et prend place parmi les simples soldats. La guerre lui est l'occasion de se délivrer d'une culpabilité involontaire, de s'intégrer à la communauté humaine en partageant ses souffrances. Plus chanceux que Joseph Latour, [65] il accomplira un acte héroïque et rentrera dans la vie civile un oeil en moins, mais décoré, aimé et régénéré à la face du monde et à ses propres yeux. *Bonheur d'occasion*, *Tit-Coq* et *Un simple soldat* (entre autres) ont mis en lumière le fait que les Canadiens aient profité de la guerre: au plan national, et pour ceux qui restaient

---

63. *Avant le chaos*, p. 216.
64. *Ibid.*, p. 222.
65. Le héros du *Simple soldat* de Marcel Dubé.

au pays, elle apporta la prospérité. Au plan individuel, elle proposait aux chômeurs un salaire: Tit-Coq, le fils de Rose-Anna, Joseph Latour sont des déshérités qui trouvent là leur salut social. Mais Dubé ajoute une autre valence: pour son héros, il s'agit surtout de devenir quelqu'un, de se réaliser dans l'héroïsme. A la différence près que le Roland de Grandbois vient de la classe privilégiée et qu'il ignore les problèmes de personnalité du héros de Dubé, leur façon de vivre, j'oserais dire d'utiliser la guerre est semblable.

Pour avoir vécu l'entre-deux-guerres en Europe et en Orient, Grandbois, dans cette nouvelle, n'en perçoit pas moins le bouleversement de 1939 en Canadien, c'est-à-dire en personne non menacée au sein d'une collectivité elle-même hors de cause. Son héros participe librement à la guerre où il connaît la fierté du devoir accompli, l'honneur de l'acte héroïque, d'où il sort plus fort d'avoir échappé à la mort et plus digne d'être aimé. En somme, l'accomplissement de l'individu pour ne pas dire son épanouissement, dans la destruction de la communauté humaine, semble, sinon donner un sens à la guerre, du moins en masquer l'absurdité. Il y a loin de ces bons soldats aux légionnaires de Cendrars. Ils retrouveront la vie après avoir souffert juste ce qu'il faut pour pouvoir désormais en jouir en bonne conscience.

On peut lire *Avant le chaos* «pour connaître le plaisir du vagabondage géographique et sentimental dans un monde bien ordonné, privilégié»; on peut le lire aussi «comme un commentaire, une préparation à l'oeuvre poétique de Grandbois». [66] Se dégagent nettement, à côté des amours réelles et multiples évoquées surtout dans «Julius», la fascination d'un amour plus mythique que réel, un type de femme plus idéale que charnelle, dont Nariska serait une des figures les plus significatives avec Tania transfigurée par la pâleur de la mort; se dégage aussi pour elle, une fonction, celle de médiatrice de l'au-delà. Faut-il donner un sort au fait que Nariska soit associée par Grégor à l'image de sa mère, femme idéalisée dont la vénération frappait d'interdit tout autre amour? qu'il y ait chez elle, comme chez Geneviève du «Noël de Jérôme», une pureté immatérielle dont seul un homme peut nimber

---

66. Gilles Marcotte, in *La Presse*, 25 avril 1964.

une femme? qu'il y ait un écart entre la vie vécue («Julius» et le narrateur dans les autres nouvelles) et la vie exaltée? Dans la mesure où cette perception de l'amour et de la femme se retrouve en poésie, il convient de la relever ici bien qu'il soit entendu que le seul mode d'approche véritable de la poésie, c'est sa lecture indéfiniment reprise. *Avant le chaos*, malgré son cadre réaliste et sa garantie d'authenticité, révèle avant tout certaines polarisations de la sensibilité et de l'imagination de l'auteur.

L'oeuvre de prose de Grandbois est marginale. Elle ne s'inscrit pas dans le renouveau romanesque qui a marqué la production québécoise depuis 1940. Nullement régionaliste, elle est d'un homme qui a vécu hors de son pays la part la plus active et la plus intense de sa vie. Si *Né à Québec* et *Les voyages de Marco Polo* répondent au goût du voyage de leur auteur, ils ne nous livrent rien de son propre contact avec l'univers. *Avant le chaos* ne pallie que dans une faible mesure cette lacune et accuse plutôt la force de l'imaginaire chez lui, le besoin de retrouver le monde à travers certaines images. Dans une interview [67], Grandbois regrettait que la perte de ses carnets de notes laissés en France durant la guerre le rende incapable d'écrire ses souvenirs. Nous déplorons certes autant que lui cette dimension importante qu'y aurait gagné, au plan humain, son oeuvre de prose. Malgré sa valeur et son intérêt, celle-ci, il faut bien le reconnaître, n'ouvre pas de voie dans l'exploration du réel, et si elle fait preuve de maîtrise et d'aisance, elle ne renouvelle pas vraiment les techniques littéraires. Grandbois aurait-il usurpé une place qui tiendrait plus à sa légende qu'à son oeuvre? Sa voix véritable est celle du poète, et cette voix est «unique dans la poésie du Québec» [68].

67. *Le Soleil,* i1 sept. 1965.
68. Jacques Brault, *Alain Grandbois,* Paris, Seghers, 1968, p. 5.

Au cours d'un voyage

II. L'OEUVRE POÉTIQUE

A. VECTEURS

«Nous ne croyons pas qu'un événement plus important se soit produit dans nos lettres que la publication de cet ouvrage.» [1] Avec *Les Iles de la nuit,* des bornes étaient enfin posées. L'époque d'une poésie imitée dans ses formes et ses thèmes, sclérosée et aliénante, était révolue. Celle aussi qui cherchait son originalité dans le régionalisme et chantait à l'envi les érables empourprés et les croix du chemin. Une voie nouvelle s'ouvrait, celle de la poésie authentique: tous les prestiges de la parole renouvelés par un homme, premier et seul, une fois encore, devant l'univers et sa propre humanité.

La poésie d'Alain Grandbois, dense et ambiguë, ne se réduit pas facilement. La subjectivité où elle s'enracine, sa beauté fascinante, images et rythmes, en interdisent la possession hâtive. Nous en proposons simplement ici une lecture possible, sur une quantité indéfinie variant avec la sensibilité du lecteur, son intuition poétique, ses options littéraires. Ce qui nous a intéressée particulièrement, ce sont les images: nous avons cherché à les saisir dans leurs ramifications, dans les liens qu'elles établissent de l'une à l'autre, puisque ce ne sont ni les thèmes ni les images pris isolément mais les constellations qu'ils forment qui révèlent le dynamisme original d'un monde imaginaire. Pour donner à notre travail toute sa relativité, nous citerons ces paroles de Grandbois lui-même:

---

1. Egmont, *Revue Populaire,* août 1944.

Alain Grandbois, à vingt ans

«Je ne comprends pas tous ces gens qui écrivent de longs exposés sur mon compte, qui m'analysent et me fouillent. Je ne les contredis jamais, de peur de les blesser, mais j'avoue que bien souvent on aura imaginé que «j'avais imaginé» telle ou telle chose dans mes poèmes. Ce n'est pas toujours vrai. Ce qu'on a vu dans certains de mes poèmes ne correspondait pas toujours à ce que j'y avais mis [2].

Mais peut-on aimer une oeuvre sans désirer la saisir par les moyens qui sont les nôtres, sachant bien qu'elle nous échappera toujours?

Avant d'aborder l'étude de l'imaginaire par les images, nous voudrions souligner le caractère dramatique de cette poésie, tel qu'il s'inscrit dans l'image du corps, dans les différents réseaux du vocabulaire, dans la démarche générale de l'oeuvre que trahit chacun des recueils.

On découvre chez Grandbois dans l'image même du corps partout présent dans sa poésie, une tension fondamentale entre le sentiment du vide et le désir de l'absolu.

Qu'il n'est rien sur terre, sinon la proie du temps et de la mort, l'homme le sait par le contact de ses pieds sur le sol. Ceux-ci ne rencontrent pas la stabilité de la terre (stabilité apparente d'ailleurs, doublement démentie par la constitution du noyau terrestre et par la gravitation solaire) mais le sable informe et désespérant:

> Quand dans les déserts
> Ces hommes innombrables
> Pourront graver leurs pas sur les sables mouvants [3]

alors cessera le «vertige du vide».

Le sable hostile refuse l'empreinte de l'homme. L'image du rocher qui semble contredire celle des sables, n'est qu'une forme agressive du même refus.

> Avec tes pieds faibles et nus sur la dure force du rocher [4]

L'homme est sur terre dans un lieu qui le nie. Tout effort pour l'habiter est vain. Cette perception de la matière terrestre coïncide avec la conscience d'un temps évanescent. L'homme

---

2. «Hommage à Alain Grandbois», *Le Soleil*, article cité.
3. «Le Vide» in *Liberté 60*, 9-10, p. 161.
4. *Poèmes*, p. 48.

est un instant, puis n'est plus. Le temps pèse sur lui comme une malédiction, c'est là pour le poète vérité viscérale, non vérité des philosophes.

> *La faiblesse démasquée*
> *De nos pieds nus sur le sable*
> *Nous cerne jusqu'aux aisselles* [5]

L'homme est piégé par le temps, il ne saurait briser un cercle qui l'accompagne comme son ombre, l'envahit jusqu'à l'impuissance.

Rejeté de la terre, prisonnier de la mort, il se tourne vers le ciel. Son front levé défie les dieux, ses bras s'élèvent dans un geste de revendication. Pas question pour lui d'une évasion factice: il n'a pas d'ailes pour s'envoler dans les sphères éthérées. L'infini, il n'y peut tendre que par le jet vertical de son corps, par «cet élan retrouvant le ciel du mât» [6] par le frisson des reins, par le «vertige de l'homme dont le songe dévore le ciel» [7].

Ses moyens sont des moyens humains: écartelé entre la conscience aiguë du néant et le désir de l'absolu, il se livre corps et biens à l'aventure périlleuse de l'amour et de la poésie. Il tente, vivant, une assomption. D'où le paradoxe de son entreprise: dépasser les limites humaines sans «laisser le corps en arrière quelque peu» [8]. Son aventure sera constamment menacée: l'au-delà des limites qu'il cherche à atteindre se révèle essentiellement ambivalent, la mort qu'il tente de vaincre le rejoint sous mille formes insidieuses. Par ce trait fondamental de sa poésie, Grandbois rejoint la conscience poétique contemporaine, telle que la définit Jean-Pierre Richard:

> L'expérience générique de la poésie moderne n'est-elle pas celle, double de l'émerveillement et du conflit [...] Dans le champ du senti, se découvrent donc, tôt ou tard, pour le poète d'aujourd'hui, l'obstacle ou la cassure, la rêverie y traverse la mort, la limite, la fragmentation, l'absence [9].

5. *Ibid,* p. 43.
6. *Ibid,* p. 13.
7. *Ibid,* p. 45.
8. Paul Claudel, *Le Soulier de satin,* in *Théâtre,* Bibliothèque de la Pléiade, 1956, p. 806.
9. Jean-Pierre Richard, *Onze études sur la poésie,* Paris, Seuil, p. 7.

Plus que la caractéristique d'une époque, l'ambivalence est pour Bachelard, la marque même du génie poétique.

Si la poésie de Grandbois présente des difficultés de lecture, elles tiennent aux images, nées dans la liberté d'association la plus complète, mais non aux mots pris isolément. Son vocabulaire est sous le signe de la plus grande simplicité. Il n'est ni exotique, ni technique comme celui de Saint-John Perse à qui on l'a parfois comparé. On chercherait en vain chez lui ces mots rares qui attestent des connaissances précises en technique de navigation, botanique, géologie. S'il parle de mer, surgissent les images les plus familières au rêveur: la voile, les caravelles, les barques. S'il parle des arbres, des plantes, des pierres, des oiseaux, c'est souvent sans aucune précision d'espèce quoiqu'on puisse observer, dans l'ensemble de son oeuvre, un passage du générique au particulier. Dans *Les Iles de la nuit*, par exemple, l'arbre est mythique: c'est «l'Arbre d'or, l'Arbre unique»; symbolique aussi: le cyprès. Dans *Rivages de l'homme* apparaissent les ormes, les saules, dans *L'Etoile pourpre*, les peupliers et les conifères: pins, sapins. Ces espèces ne sont-elles pas familières au Québécois le plus sédentaire? [10] Et le muguet, le lilas, le myosotis, les glaïeuls qu'on trouve dans ses vers, ne sont-ils pas les premières fleurs nommées même dans un pays qui connaît peu les jardins? On ne trouve pas non plus chez lui les ardoises, les schistes, les quartz de Saint-John Perse, mais simplement la pierre, le roc, termes génériques, puis le granit, le marbre, l'argile. Ils ne sont donc jamais choisis pour leurs propriétés particulières, ni pour leur couleur, mais comme symbole de dureté ou de ce qui est friable. Les oiseaux sont d'abord la mouette et la colombe, souvent engagées dans une image symbolique, puis l'hirondelle.

Deux ordres de valeur semblent donc commander au poète le choix des mots: leur sens symbolique et même mythique, et ceci surtout dans *Les Iles de la nuit*, leur association à un univers familier surgi du passé dans *Rivages de l'homme*, sous le signe du présent dans *L'Etoile pourpre* [11]. Mais un troisième

---

10. Il y a sans doute pour le poète double enracinement de ces images: les cyprès, les pins peuvent renvoyer chez lui au sud de la France où il a longtemps séjourné.

11. Il y a quelquefois un curieux renversement de signe affectif, selon que les choses sont évoquées dans un sens symbolique ou sur un plan réaliste. La ville en est un exemple entre plusieurs.

Le poète à l'étranger

réseau existe aussi, plus frappant que les deux premiers et que la critique a amplement souligné: celui du vocabulaire cosmique. Homme du XXe siècle, Grandbois est sensible jusqu'à l'angoisse au rythme de l'univers. Il sent, affolé, la révolution des milliards de planètes, il pressent, sous la lumière apparemment fixe de l'étoile, ancienne image de l'éternité, la mort qui épuise même les soleils. Et c'est dans la tension entre une âme qui tend d'instinct à un univers parfait, mythique, un coeur qui aspire à la paix des images les plus familières, et une conscience hypersensible à tous les signes de la relativité cosmique qu'il tente de vivre son destin d'homme et de poète.

Chaque recueil témoigne de l'affrontement en lui du réel (l'empire du temps et de la mort) et du songe (le monde rêvé comme soustrait à leur pouvoir). Chacun le renouvelle dans l'approfondissement de l'expérience intérieure.

C'est dans *Les Iles de la nuit* que le songe qui commande toute la démarche de Grandbois s'exprime avec le maximum de force et d'ampleur, qu'il est poursuivi avec le plus d'intensité, et c'est sur son échec que le recueil s'achève: le rêve n'a pas su arracher le poète de façon continue à la conscience du temps qui «néantise» et fait de la mort la seule réalité.

Rivages de l'homme marque un arrêt. Le présent est envahi par le passé, un double passé auquel le poète réagit différemment. Le premier, le plus immédiat, c'est celui des *Iles de la nuit*. Le poète refuse, tel qu'il l'avait annoncé dans «Fermons l'armoire» [12], de se laisser prendre désormais aux sortilèges du songe. Il ne cesse pourtant pas de vivre dans sa sollicitation ou son souvenir. Même refusé, le passé mange le présent. Celui-ci est encore rongé par un passé plus lointain. Toutes les images d'une enfance heureuse baignée par la tendresse maternelle surgissent du fond d'un temps ancien, dont il est coupé malgré lui, de façon irréversible et avec lequel par un mouvement instinctif de tout son être, il voudrait renouer. L'attachement à ce passé le coupe du présent et de l'avenir. «Le temps tombe de la terre» [13]. Cet affrontement avec la réalité, si pénible, s'achève sur le triomphe apparent de celle-ci. Avec plus

12. *Poèmes*, p. 93.
13. *Poèmes*, p. 132.

ou moins d'amertume, le poète accepte de marcher «au pas des hommes» [14]. Cet arrêt, cette rupture qui contraste avec l'élan désespéré des *Iles de la nuit* s'inscrit dans le rythme même des vers. Ils sont beaucoup plus courts, comme bloqués dans les poèmes de refus [15]. Ils retrouvent le rythme large des *Iles de la nuit* pour évoquer la mère et l'enfance [16] et dans le poème «Demain seulement» où, cédant à l'instinct de vie, le poète tend de nouveau vers les merveilles du rêve et de l'amour. Il est intéressant de noter que ce rythme brisé est celui d'Anne Hébert dans *Le Tombeau des rois:*

> «Ce verbe austère et sec, rompu, soigneusement exclu de la musique»

dont parle Pierre Emmanuel [17], Grandbois a su le trouver, bien qu'il soit selon nous à l'opposé de son tempérament poétique, pour exprimer une expérience analogue de dépouillement et de refus, preuve de l'authenticité de l'expérience vécue par l'homme et de la maîtrise du poète sur son verbe.

L'Etoile pourpre assume tout le passé, celui des *Iles de la nuit*, celui des *Rivages de l'homme* pour accéder enfin à un présent qui ne soit plus résignation au destin inéluctable, telle qu'exprimée dans *Rivages de l'homme;* (le lecteur a bien senti que cette soumission n'est que temporaire, qu'elle est le pas lent d'un convalescent) qui ne soit pas non plus l'effort démesuré des *Iles de la nuit* pour s'établir dans un monde aux dimensions de son rêve; il en a vécu jusqu'au bout les merveilles mais aussi les limites, et ne saurait s'y réfugier désormais sans mauvaise foi. Non, le temps dans lequel le poète de *L'Etoile pourpre* cherche à s'établir, c'est un présent qui intègre, après combien de souffrances, en les dépouillant de leur caractère absolu, à la fois les valeurs du rêve et la réalité de la mort. La relativité cosmique qui dans la conscience du poète s'opposait comme un démenti à l'Absolu rêvé, l'amenait à y renoncer, il va l'accepter sans cynisme, sans amertume. Après avoir par-

---

14. *Ibid.*, p. 109.
15. Cf. principalement *Poèmes,* pp. 101, 107, 111, 117, 133.
16. Cf. certains passages de «La Danse invisible», p. 129 et surtout «Poème», p. 147 et «Corail», p. 151.
17. Cf. Préface du *Tombeau des Rois,* in *Poèmes,* Editions du Seuil, p. 11.

couru les labyrinthes, les couloirs souterrains, après avoir plongé aux profondeurs de la mer, il lui semble renaître à la vie, accéder à l'air libre, et retrouver la joie. *L'Etoile pourpre* reprend le rythme des *Iles de la nuit*, il l'élargit même et gagne en aisance, en joie de chanter ce qu'il perd en tension et en accent dramatique.

B. *L'UNIVERS RÊVÉ*

> Il s'agit en somme d'échapper à la fragilité des choses d'ici-bas, pour rejoindre d'emblée un lieu où toutes choses dureraient indéfiniment dans la pureté originelle [1].

En définissant ainsi le projet de Grandbois, Gilles Marcotte dégage nettement son caractère mythique. Retrouver, par on ne sait quel rite ou quelle magie, la vie, ou le Paradis perdu, est un des grands rêves de l'humanité qui hante encore chaque homme. C'est en témoignant de cette aventure vécue jusqu'en ses limites que la poésie de Grandbois devient exemplaire et universelle. Nous verrons, par l'étude de certains réseaux d'images, comment l'imaginaire chez lui tend à s'échapper de l'espace et du temps humains, vers quel monde idéal il se projette, comment il échoue, malgré lui, aux «rivages de l'homme».

Mais auparavant, nous voudrions attirer l'attention sur un point. On a dit de l'univers de Grandbois qu'il n'est pas onirique [2]. Si l'on entend par onirisme un univers fermé, pur reflet des songes du rêveur, sans ouverture ni communication avec le monde objectif, alors l'univers de Grandbois n'est pas onirique. Le rêve, chez lui, n'est pas aliénant comme chez Nerval, il est essentiellement dynamique, comme chez Rimbaud. Il est la réalité exemplaire qu'il tente de rejoindre, l'instinct qui le pousse à la transformation du réel, à une reconstruction mythique de l'espace et du temps par l'acte d'amour et l'acte poétique.

---

1. Gilles Marcotte, *Une littérature qui se fait*, Montréal, H.M.H., 1962, p. 253.
2. Pierre Emmanuel, entériné par Jacques Brault. Cf. Jacques Brault, «Poétique d'Alain Grandbois; une manière d'être au monde par la parole la plus fidèle et la libre joie de parler», in *Le Devoir*, vol. 55, no 263, 7 nov. 1964.

Une première lecture de la poésie peut donner au lecteur l'impression que le poète jongle indifféremment avec les quatre éléments comme avec tous les points de l'espace et du temps. Mais il apparaît bientôt que son univers est fortement polarisé. La mer l'attire comme un aimant. Elle agit sur lui par son immensité, sa liquidité, sa couleur, son mouvement, par ses plages, par ses bateaux. Elle est route de tous les départs, réservoirs de tous les possibles.

C'est d'abord l'appel des horizons illimités:

> N'étions-nous pas partis comme ces voiles pour des mers indéfinies [3].
> La caravelle de tes songes voguait vers de plus vastes mers [4]

Chaque vague apporte «l'éclat du songe» [5]; la mer est le «grand songe horizontal» [6]. Elle sait bercer de ses «longues houles consolatrices» [7]. «Le bleu des mers inexprimables» [8] devient «le bleu chéri» [9] subjectivement associé à la musique, aux jardins de l'enfance, aux oasis, à l'archange, tous sources ou signes du rêve. Ses plages sont lieu de bonheur:

> Je veux un oeil émerveillé
> Le jardin conduisant à la maison de la plage [10]

Par elle le monde est sans cesse recréé: chaque marée rend le rivage à sa nudité originelle, chaque plage retrouve la virginité du premier matin.

> Oh mer éternelle et puissante et pure balayant les rivages souillés [11]

A la fois espace et temps, la mer apparaît dans *Les Iles de la nuit* intimement liée au monde du rêve. Le poète ne se penche-t-il pas sur elle «comme aux fontaines de soif» [12]. Ce qui

---

3. *Poèmes*, p. 27.
4. *Ibid.*, p. 87.
5. *Ibid.*, p. 103.
6. *Ibid.*, p. 210.
7. *Ibid.*, p. 51.
8. *Ibid.*, p. 241.
9. *Ibid.*, p. 232.
10. *Ibid.*, p. 108.
11. *Ibid.*, p. 67.
12. *Ibid.*, p. 14.

seul peut apaiser sa soif, ce sont les eaux du songe identifiées par lui aux eaux de la vie.

Mais s'il prend la mer, ce n'est pas pour chercher, comme Marco Polo, le dépaysement dans un légendaire Orient, ni pour découvrir, comme Magellan, la route qui cernerait la terre. Différent des voyageurs de Baudelaire qui retrouvent sous toutes les latitudes le même ennui mortel, il ne cherche pas à s'évader d'un point de l'espace, mais de l'espace humain lui-même. C'est pourquoi son embarquement sur la mer s'accompagne d'un «élan pareil/Aux étincelles des insondables voûtes» [13]. Comment le poète peut-il tendre en même temps vers l'horizon et vers le ciel? Bachelard nous indique le rapport naturel entre ces deux tensions apparemment contradictoires.

> C'est près de l'eau, c'est sur l'eau qu'on apprend à voguer sur les nuages, à nager dans le ciel [14]. L'homme est transporté parce qu'il est porté. Il s'élance vers le ciel parce qu'il est vraiment allégé par sa rêverie bienheureuse [15].

La mer a donc pour première fonction de ravir le poète à la terre, c'est-à-dire à la condition humaine, pour lui permettre de se projeter vers le ciel, de défier les dieux.

L'appel du ciel qui traduit, bien sûr, le dynamisme intime du poète, se fait non par le soleil ou l'azur, mais le plus fréquemment par l'étoile. Les étoiles peuvent être, comme la mer, un chemin: «ces routes d'étoiles ouvertes» [16]; elles peuvent être un phare dans la navigation nocturne: «ces adorables voiles nocturnes trouées d'étoiles» [17]. La plupart du temps, une seule suffit pour repousser les ténèbres, pour affirmer les pouvoirs du rêve et de l'amour: «l'étoile a repoussé les maléfices diaboliques» [18].

L'élan vers le ciel n'a pas non plus celui-ci pour objet. Si le poète s'est libéré de l'attraction terrestre dans l'élan vertical,

---

13. *Ibid.*, p. 64-65.
14. Bachelard, *L'eau et les rêves*, Paris, Librairie José Corti, 1964, p. 179.
15. *Ibid.*, p. 180.
16. *Poèmes*, p. 156.
17. *Ibid.*, p. 94.
18. *Ibid.*, p. 200.

Le Chalet des Grimbeck, au Lac Croix, Portneuf

ce n'est pas pour être emporté dans la gravitation des astres. C'est l'au-delà qu'il vise, le monde des dieux où n'atteignent pas les lois de l'espace et du temps humains. (La poésie n'est-elle pas de son propre aveu, un appel aux dieux? [19]) Dans sa tension pour y accéder, il éprouve «le vertige de l'homme/ Dont le songe dévore le ciel» [20], il connaît des «vertiges d'assomption» [21]. Ce mot largement utilisé ces dernières années, n'a pourtant pas d'autre définition officielle que celle du dogme catholique: «Montée au ciel de Marie avec son corps». Cette image indique bien que le poète ne rêve pas de désincarnation. Son rêve naît de sa chair même, c'est par l'acte d'amour qu'il tend à y accéder, c'est dans tout son être qu'il voudrait s'y établir. Cet au-delà de l'altitude humaine ne s'atteint qu'en enfreignant les lois de la raison, en brisant les rapports habituels et sûrs avec l'univers; d'où les «beaux délires délivrés» [22] et les «délires de l'étoile pourpre» [23].

Le poète cherche donc à se soustraire au lieu humain. Par l'amour, il voudrait créer un centre, un point idéal où habiter. Deux poèmes des *Iles de la nuit* expriment le miracle réalisé, la projection dans un univers paradisiaque où s'élève l'Arbre d'or, l'Arbre unique; ce sont «Devant ces bûchers fraternels» et «O Fiancée» [24]. Un troisième y fait allusion; «Ce feu qui brûle» [25] baigne dans un univers de douceur: le miel, image de tendresse «envahit jusqu'au bord/Le toit nocturne des tempêtes». La vie dans ses sources est signifiée par le «tertre vert» et «les eaux lisses et bienfaitrices». Centre élu de vie parfaite, l'arbre est «le lieu sans retour/Pour qu'enfin l'éternité naisse». Par cette image de l'Arbre d'or ou de l'Arbre unique, le poète exprime son profond désir de se projeter par l'amour dans un lieu à la fois de vie originelle, de plénitude du coeur et d'immortalité.

D'autres images expriment également le besoin d'un espace reconstruit: celui des temples, des sanctuaires, des cathédrales,

19. Alain Grandbois, in *Liberté 60*, texte liminaire.
20. *Poèmes*, p. 45.
21. *Ibid.*, p. 53.
22. *Ibid.*, p. 165.
23. *Ibid.*, p. 166.
24. *Ibid.*, p. 62 et 82.
25. *Ibid.*, p. 67.

des tours, où l'homme soustrait à l'espace profane peut communiquer avec la réalité absolue. La cathédrale est l'espace même du rêve [26], le sanctuaire, l'espace recréé dans l'intimité de l'amour: «Dans la ferveur des sanctuaires/Que nos mains jointes ont créés» [27], image qui n'est pas sans évoquer la «Cathédrale» de Rodin.

L'image de l'arche fait de la femme le refuge de la tendresse contre l'univers hostile. «O morte la douceur/Tu étais toutes les arches» [28] et encore:

> Ah nos faibles doigts se pressent frénétiquement
> Tentant d'élever, dans le plus profond silence l'Arche de douceur [29]

Ces vers dans un poème où toutes les forces de mort et de destruction sont déchaînées indique bien quel salut le poète attend de la femme, quel rôle impossible il lui confie.

Une autre image de refuge est celle du cercle dont l'île est une expression privilégiée. On pourra toujours objecter que les îles ne sont pas nécessairement rondes. Dans l'univers du poète, il semble bien qu'elles le soient, puisque l'image humaine de l'île, c'est le genou de la femme «rond comme l'île de mon enfance» [30]. Ce vers, on le voit, associe quatre univers, ceux explicites, de la femme et de l'enfance, celui du rêve, car l'île est un des lieux du songe, celui de la mer, que sous-entend l'île. Une telle image, dans sa riche complexité, atteste des liens inextricables dans l'âme du poète, de la femme et de la mer, comme source et milieu du songe, et des liens de celui-ci avec l'enfance.

Nous avons vu le poète chercher à se soustraire à l'espace humain par la vertu de l'amour et du songe. Cette tentative peut se faire de deux façons différentes. L'une est dynamique, sous le signe de la verticale et marque vraiment une reconstruction de l'espace dans l'amour, soit par l'élection d'un centre: l'Arbre, soit par la délimination d'un espace sacré: sanctuaire,

---

26. *Ibid.*, p. 23, 69, 118, 185, 209.
27. *Ibid.*, p. 53.
28. *Ibid.*, p. 20.
29. *Ibid.*, p. 69.
30. *Ibid.*, p. 49.

temple, cathédrale. C'est ce à quoi il tend si ardemment dans *Les Iles de la nuit.*

Les images du cercle, par contre, quel que soit leur mode d'expression, marquent moins une reconstruction de l'espace par un acte dynamique que son abolition dans un mouvement de régression, par un retour instinctif à un temps où l'espace n'existait pas, où chaque lieu était plénitude. Ce mouvement bien qu'il existe dans *Les Iles de la nuit* est plus particulièrement celui des *Rivages de l'homme.*

Que ce soit par le dynamisme de l'amour ou par le retour à l'enfance, le poète cherche à substituer à l'espace objectif, qu'il répudie, un espace intérieur de caractère mythique.

Cette tentative ne va pas sans danger. Le poète peut triompher de l'espace, mais il peut aussi s'y perdre. Sa quête, comme celle du héros mythique, est périlleuse et la victoire ne peut être obtenue qu'au risque de sa vie car, nous l'avons déjà signalé, nous n'avons pas affaire à un doux rêveur qui, aveugle et sourd au monde réel, projette sur lui un voile protecteur. Il s'agit d'un homme qui veut «la vie même» de son songe [31], qui, conscient jusqu'à l'angoisse de la condition humaine (nous le verrons plus loin) mais en même temps dynamisé par l'image d'un monde exemplaire, tente de transformer sa vie, de la soustraire au destin commun et ce, avec la véhémence d'une âme exaspérée.

> *Avec cet espoir têtu*
> *Des plantes enracinées*
> *Voulant rejoindre le ciel* [32]

Toutes les directions de l'espace vers lesquelles il tend dans un effort de libération peuvent faire de lui leur victime. L'horizon, au lieu de le faire aborder aux plages du rêve, peut l'entraîner dans une marche sans fin; dans son élan vers l'étoile, il peut être précipité aux abîmes; sa recherche de l'au-delà peut le perdre dans le néant, le refuge poursuivi peut devenir prison mortelle.

---

31. *Poèmes,* p. 92.
32. *Ibid.,* p. 53.

L'image qui nie l'appel de l'horizon, c'est la ville. Elle est la route épuisante et sans espoir. La voie liquide et sans obstacle est remplacée par

> ce poison des routes
> [...]
> Qui n'en finissent jamais plus
> Sous la pluie et le vent
> Balayant les rivages de l'homme [33]

Dans le poème «Ah toutes ces rues» [34] cette marche indéfinie prend des proportions épiques.

> J'étais l'animal haletant dans mille corps et les villes se succédaient
> Les rues de mille villes se succédaient toutes pareilles avec le même signe anonyme de la pluie

La route s'allonge, se multiplie, elle devient un couloir sans issue. L'espace de la condition humaine dont la ville est une des images, est sans vecteur. L'horizon est aboli: le ciel devient le «plafond courbe des villes illimitées». L'étendue entière se fait prison.

Le labyrinthe, image mythique de la route débouchant inévitablement sur la mort, exprime lui aussi la nuit intérieure où est rejeté le poète. Quand la Fiancée disparaît, et avec elle l'amour, incapable de la retrouver, incapable d'accéder seul à son rêve, il s'égare «en vain dans les derniers labyrinthes» [35].

Les routes des villes, les labyrinthes, sont donc la négation même de l'échappée vers l'horizon.

Celui qui tend vers le ciel, qui veut s'établir dans la demeure des dieux, peut être précipité aux abîmes; ceux-ci peuvent être la profondeur de la mer, le centre de la terre, ou le gouffre insondable. La fascination de l'abîme, néant et nuit originelle, tel est le thème de «Pris et protégé» [36]. La mer apparaît dans toute son ambivalence. Elle n'est pas la menace de l'abîme,

---

33. *Poèmes*, p. 159.
34. *Ibid.*, p. 73.
35. *Ibid.*, p. 86.
36. *Ibid.*, p. 35.

mais sa séduction, elle protège en même temps qu'elle condamne. Le poète ne peut se défendre d'elle, pas plus que de la femme. Il s'abandonne. «Je flotte au creux des houles.» Cette mort lui est douce, parce qu'elle lui vient de l'eau qui est son élément privilégié.

D'autres abîmes se font plus menaçants, en particulier le gouffre immense et sans fond, l'espace sans point de repère, image du néant où se perdent les souffrances absurdes:

> Mes heures faites pour étancher le sang
> Sombraient comme des paumes ténébreuses
> Au coeur dérisoire des abîmes [37]

la révolte inutile:

> Et nos cris désormais
> N'auront plus que le tremblant écho
> Des poussières perdues
> Aux gouffres des néants [38]

Cette image de l'absurdité de la condition humaine est à la fois spatiale et temporelle; la souffrance, la révolte se perdent dans l'espace sans fond, le temps y est précipité comme dans une bouche d'ombre.

L'abîme marin marque l'ambivalence du rêve, la trahison au sein même du songe. L'abîme terrestre est l'espace où s'enfuit le poète qui sait désormais sa tentative d'échappée inutile. A la fin des *Iles de la nuit*, il déclare: «Je m'enfoncerai dans les cavernes profondes/La nuit m'habitera et ses pièges tragiques» [39]. Renonçant à conquérir l'espace, il se réfugie sous la terre dans une nuit qui est l'image même de la captivité et de la mort. Il vit l'humiliante condition humaine: «ma nuque recevait l'outrage de l'ilote» [40]. Il n'y a plus de défi aux dieux, d'élan, d'ivresse, il y a la marche pénible vers une issue problématique, il y a l'emprisonnement derrière «les barreaux verticaux/Des profondeurs ténébreuses» [41].

---

37. *Poèmes*, p. 204.
38. *Ibid.*, p. 66.
39. *Ibid.*, p. 93.
40. *Ibid.*, p. 77.
41. *Ibid.*, p. 209.

Madame Alain Grandbois, née Marguerite Rousseau

La condamnation à l'abîme terrestre, peu fréquente dans *Les Iles de la nuit* [42] va de pair avec l'exil, volontaire ou subi, de l'univers du songe. Dans *Rivages de l'homme*, l'échec du rêve s'inscrit dans l'image de la mer qui engloutit les îles, qui «est recouverte de noyés» [43]. La terre n'est pas le lieu de l'emprisonnement du poète, elle est le tombeau des morts [44]. La descente au monde souterrain est un des aspects dominants de *L'Etoile pourpre*, et elle revêt souvent un caractère d'épreuve initiatique.

Autant que par les images de lieu, l'échec du songe est indiqué par les verbes de descente et d'enfoncement. Vaincu dans son élan, le poète s'enfonce dans la solitude, la nuit, l'oubli, les cavernes profondes, le temps, la mer, il descend dans «la vallée des tombeaux» [45]. Ce mouvement est celui de son autodestruction.

Rejeté à l'étendue absurde, à l'abîme menaçant, le poète est également trahi par tous ses refuges. Le cercle, image de l'isolement dans la plénitude, n'est plus que le signe de la solitude. Déçu par l'amour, il se retrouve dans «le cercle inviolable» de son être [46]. La perfidie du songe l'entraîne à fuir «les hublots/où la mer forme le cercle parfait» [47]. Dans sa recherche d'une issue, il est cerné par le cercle pâle des réverbères [48] qui abolissent l'espace par homologie, rendant inutile sa marche, dérisoires ses efforts. La terre tout entière sera cernée, écrasée «dans le cruel anneau/De ses hommes de peur» [49], image cosmique analogue à celle de l'homme emprisonné dans «le cercle inviolable de son être».

L'image du cercle peut aussi avoir un aspect dynamique. Les cataclysmes se déchaînent dans des mouvements de spirales, leurs tourbillons menacent de rétablir le chaos. Ces forces

42. *Ibid.*, cf. p. 73, 88, 93.
43. *Ibid.*, p. 132.
44. *Ibid.*, cf. «Le silence», p. 106, et «Ah terre rongeuse», p. 121.
45. *Poèmes*, cf. 29, 70, 75, 89, 90, 92, 93, 149, 153, 236.
46. *Ibid.*, p. 92.
47. *Ibid.*, p. 210.
48. *Ibid.*, p. 73.
49. *Ibid.*, p. 104.

d'auto-destruction de l'univers sont également celles des désastres intimes:

> *Tourments tournant*
> *Dans le cercle épuisé*
> *Des destructions définitives* [50]

Dans sa tentative de recréer l'espace selon son rêve, le poète s'égare donc dans des voies sans issue, il s'enfonce dans des abîmes d'où il ne sait s'il pourra remonter, il connaît l'emprisonnement, il est menacé par le chaos. Toutes les forces d'opposition du réel auront raison de lui, aussi, au début des *Rivages de l'homme*, il dit:

> *Hélas mon délire*
> *Ne conduit nulle part*
> *Marchons au pas des hommes* [51]

Cette résolution indique un rythme nouveau pour lui. Dans *Les Iles de la nuit*, il ignore le pas humain, il ne connaît que l'élan, sa démarche est celle d'un voleur de feu.

L'effort pour transcender l'espace coïncide avec la recherche d'un temps privilégié. L'éternité affleure dans certaines images spatiales dont nous avons parlé plus haut. L'apparition de l'Arbre d'or, par exemple, liée à l'image du Soleil est proclamée «le miracle du jour» [52]. Ce jour participe au caractère mythique du songe tel qu'il rayonne à travers *Les Iles de la nuit;* il est l'éternel présent d'une lumière immuable, le temps suspendu:

> *J'ai rêvé d'un monde*
> *Au vol plané de mouettes bleutées*
> *Azurs refoulant*
> *Jusqu'au fond des soleils*
> *L'étonnante gravitation des astres* [53]

La fonction de l'amour est d'instaurer ce temps nouveau, de créer le «lieu sans retour/Pour qu'enfin l'éternité naisse» [54]. Mais auparavant l'homme doit passer par la passion, qui est un temps accéléré:

---

50. *Poèmes*, p. 114.
51. *Ibid.*, p. 114.
52. *Ibid.*, p. 63.
53. *Ibid.*, p. 208.
54. *Ibid.*, p. 63.

Les lois éternelles
Galopaient comme des chevaux fous
Les nuits tombaient l'une sur l'autre
Nous avions les yeux brûlés [55]

Ce temps est sous le signe du feu qui est le «désir de changer, de brusquer le temps, de porter toute la vie à son terme, à son au-delà [56]. Dans l'acte d'amour, le poète retrouve le «Bonheur enseveli» mais l'instant d'un éclair seulement, juste assez pour savoir que sa poursuite n'est pas vaine, qu'il peut atteindre «l'Inaccessible Absolu» [57]. L'accent tragique des *Iles de la nuit* vient de cet effort désespéré par lequel le poète cherche à s'établir définitivement dans un temps qui lui échappe sitôt entrevu.

L'image mythique de l'éternel présent qui triompherait du cycle temporel se précise en une image plus originale qui polarise, comme la mer, tout l'univers du songe: l'aube. L'aube semble être le temps idéal instauré par l'amour et le songe. Dans «Ce feu qui brûle» [58], nous voyons le poète devant «la vie fatale et glacée» chercher à recréer par la tendresse partagée, «les royaumes enchantés des pâleurs de l'aube». Dans «O Fiancée» [59], l'aube apparaît comme la conquête ultime de l'acte d'amour:

Ton doux feu secret
Et ce chant d'aube
Mordant mon délice
Jusqu'au vertige de ma cendre

Quand la conscience de la mort désenchante l'univers du songe, c'est l'aube qui perd ses prestiges:

Ah vainement pourront paraître l'aube de la mer... [60]

et encore au début des *Rivages de l'homme:* «Je refuse l'émouvante évasion/D'une aube libératrice.» [61]

---

55. *Poèmes*, p. 38.
56. Bachelard, *La Psychanalyse du feu*, Paris, Gallimard, 1965, coll. «Idées», p. 35.
57. *Poèmes*, p. 53.
58. *Ibid.*, p. 67.
59. *Ibid.*, p. 82.
60. *Ibid.*, p. 51.
61. *Ibid.*, p. 112.

L'aube tire son sens le plus évident de son opposition à la nuit, dont elle marque la fin. Or pour le poète, la nuit, c'est le milieu même où est plongé l'homme conscient de la condition humaine livré à l'angoisse de la solitude, du temps et de la mort. Ainsi dans le poème «Ah toutes ces rues» [62] dont nous avons déjà dit qu'il est l'expression épique de cette nuit monstrueuse, le poète crie désespérément vers l'aube qui serait sa délivrance:

> *Mais pourquoi pourquoi l'aube jamais ne se levait pour moi*
> *Je tentais d'atteindre ce formidable secret du bout de la nuit*
> *Et cette aube légendaire des autres*

Au coeur de la souffrance absurde, le poète cherche à retrouver pour lui, au terme de son expérience et s'imposant comme une «clarté première» un sens, une réponse dont certains se disent illuminés, mais qui n'est pas son «propre jour».

L'aube n'est pas toujours symbolique. Moment du cycle temporel, elle n'est plus que l'instant où «l'usure recommence le monde» [63]. Fin de la nuit, elle peut être redoutée à cause de l'ambivalence de celle-ci. Temps et milieu de la souffrance et de l'angoisse, la nuit incite à l'échappée par l'amour. L'aube est alors l'écueil où se brise le rêve: «L'aube me perçait de mille poignards inconnus [...] Le jour m'apportait son pressant désespoir» [64], l'échec amer de l'amour dans un «baiser d'aube/à goût de crépuscule» [65].

L'aube peut donc être affectée de signes différents puisqu'elle représente dans la conscience du poète deux réalités distinctes: elle est le temps symbolique où le fait aborder le rêve, elle est aussi un moment du temps cyclique, qui s'oppose à la durée du songe. D'où vient cette valorisation de l'aube dans l'imaginaire du poète?

C'est dans *Rivages de l'homme* qu'il faut chercher des éléments de réponse. Tout au long de ce recueil, l'image de l'aube est liée à l'enfance. Dans le poème «Silence» ie poète affirme:

---

62. *Ibid.*, p. 73.
63. *Ibid.*, p. 52.
64. *Ibid.*, p. 86.
65. *Ibid.*, p. 221.

Les jungles peuplées
De silences trop sonores
N'ont rien ajouté
A l'ensorcellement de l'aube [66]

L'enfance est donc au seuil de la vie un moment privilégié qui rend nul le temps qui suit. Dans *L'Etoile pourpre*, revenant sur sa vie errante et douloureuse, le poète a l'impression de s'être fourvoyé. C'est dans la fidélité à l'enfance qu'il aurait dû vivre:

Je parcourais je hantais les couloirs ténébreux
Des villes impitoyables de granit
Et j'étais né pour l'arbre et le terreau
Pour les odeurs saisissantes des aubes [67]

Dès que la mère ou l'enfance sont évoquées, l'image de l'aube surgit [68]. L'aube est donc assimilée au temps de l'enfance heureuse. Comme toutes les images fondamentales elle est ambivalente: symbole d'un temps perdu, elle peut solliciter à la mort par régression. Nous trouvons cette tentation au début du poème «Demain seulement» [69]

L'aube immense
M'enveloppe comme la mer
Le corps du plongeur
Cruelle et dangereuse sécurité
Je suis comme tapi au flanc de ma mère
Dans la chaleur magique
D'avant la délivrance du jour

La comparaison avec la mer relie les deux éléments dans une même acception symbolique, et cette strophe n'est pas sans analogie avec le poème «Pris et protégé» [70] qui sous le signe de la mer exprime la tentation du néant. Retrouver le temps d'avant le temps, la grande paix du sein maternel, tel est le désir compensatoire qui naît de la souffrance trop aiguë de la séparation.

L'aube dynamise tout l'univers poétique, mais de façon différente selon les recueils. Dans *Les Iles de la nuit*, elle est le

66. *Ibid.*, p. 102.
67. *Ibid.*, p. 196.
68. *Poèmes*, cf. en particulier «La Danse invisible», p. 129.
69. *Ibid.*, p. 124.
70. *Ibid.*, p. 35.

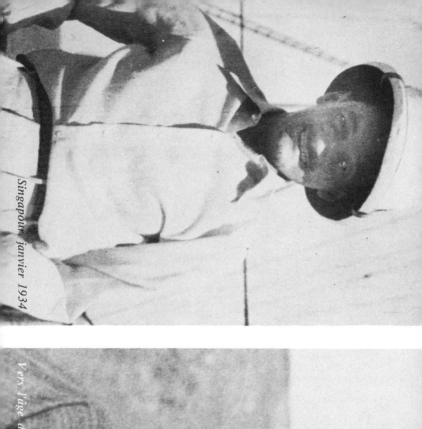

Singapour, janvier 1934

Vers l'âge de trente ans

temps futur auquel le poète tente d'accéder par l'amour et le rêve. Dans *Rivages de l'homme*, elle est le temps passé de l'enfance heureuse associée à l'image de la mère, vers laquelle il se tourne désespérément, qu'il voudrait réintégrer, d'où son «long voyage insolite à travers l'incantation du temps»[71]. Dans *L'Etoile pourpre*, elle devient la respiration de la vie retrouvée: «Aubes nourries d'herbes/De feuillages luisants/Engageant leurs poumons bleus»[72], un nouveau commencement du monde:

> *Je plongeais alors jusqu'au fond des âges.*
> *Jusqu'au gonflement de la première marée [...]*
> *Le grand silence originel*
> *Nourrissait mon épouvante*[73]

Ces divers aspects de l'aube ne sont ni contradictoires ni indépendants les uns des autres. C'est l'aube temps vécu, tel qu'il apparaît dans *Rivages de l'homme* qui commande sa valorisation comme temps dynamique du rêve dans *Les Iles de la nuit* et comme assimilation à la vie retrouvée dans *L'Etoile pourpre*. Toute l'aventure intérieure a donc pour objet la reconquête d'une conscience baignée de tendresse, que n'atteint ni la mort ni le temps. Liée à l'image de la mer, l'aube prend, surtout dans *L'Etoile pourpre* le sens d'un commencement absolu. La mer y apparaît comme la vie même à ses origines, toute en possibilités, sans aucune déperdition.

> *Le fleuve nous portait avec toutes ses clés*
> *Les dures puretés de ses constants rivages*
> *Rejoignaient les blancheurs créées au fond des âges*
> *La mer la mer la mer et ces flots désertés*[74]

Ailleurs il parle encore de la nudité des marées[75] pour chanter l'intégrité originelle. Cette image de l'aube cosmique porte un thème nouveau, celui de la renaissance. Cette renaissance se fait par une plongée aux profondeurs marines[76] qui semble d'abord conduire à une mort volontaire par refus du monde

---

71. *Poèmes*, p. 158.
72. *Ibid.*, p. 210.
73. *Ibid.*, p. 166.
74. *Ibid.*, p. 192.
75. *Ibid.*, p. 210.
76. *Poèmes*, cf. le très beau poème «Noces», p. 235.

diurne: «Ah plus de ténèbres/Laissons le jour infernal»; par un échec du songe et du défi lancé aux dieux:

> *Les voiles d'en haut sont perdues*
> *Dans l'arrachement des étoiles*
> *Avec les derniers sables*
> *Des rivages désertés*
> *Par les dieux décédés*

Mais au moment où le poète semble avoir atteint par une descente progressive, la nuit originelle, voici que se révèle son ambivalence: «Nous plongeons à la mort du monde/Nous plongeons à la naissance du monde». Cette renaissance après une sorte de mort initiatique, diversement exprimée dans tout le recueil, trouve une expression mythique dans l'image biblique du déluge.

> *Nous irons un matin sur les monts héroïques*
> *Où l'arche s'accrochait dans la montée des eaux*
> *Nous verrons la décrue, nous saluerons l'oiseau*
> *Qui apporte l'espoir et la couleur bibliques* [77]

L'engloutissement de l'univers suivi de sa seconde émergence des eaux, symbolise donc les forces de mort qui semblent avoir raison du poète depuis la fin des *Iles de la nuit*. La renaissance est sous le signe de la blancheur, couleur de l'aube, qui devient ici le signe de la joie, le blanc étant dans la Bible associé à la joie et non à la pureté janséniste.

L'aube et la mer se fondent donc dans une même image de vie originelle retrouvée. L'espace devient temps, le temps se fait couleur et la couleur du temps envahit l'univers du songe.

La recherche d'un temps privilégié s'exprime donc par des images de lumière. N'est-ce pas sur l'observation des astres qu'est basée la perception du temps? C'est après avoir noté l'apparition et la disparition régulières du soleil, de la lune et des étoiles que l'homme put inventer les premiers calendriers et se délivrer de l'angoisse de la nuit et d'un lendemain problématique dans la sécurité du cycle temporel. Mais tout le rêve du poète est justement de substituer au compte des

---

77. *Ibid.*, p. 194.

jours «le Jour», le présent de la lumière intemporelle, et plus fragile encore, l'aube, premier instant de la création, porteuse de toutes les promesses et entachée d'aucune usure. C'est la fraîcheur d'une aube sans cesse à son point d'origine, la fraîcheur d'un premier matin de lumière et d'eau qui dynamise toute sa démarche, c'est en elle qu'il voudrait baigner comme dans un milieu à la fois neuf et éternel.

Nous avons dès le début, souligné le caractère mythique du songe. Nous aimerions insister quelque peu sur cet aspect en réunissant d'autres images dans lesquelles il s'exprime.

La figure qui semble personnifier le songe en même temps qu'elle en garde l'entrée, c'est celle de l'Archange. Dans deux poèmes qui ont pour thème l'envahissement par le songe nous trouvons: «Baignée de songes ainsi que l'Archange sacré»[78] et:

Elle voyait alors
Sous ses paupières fermées
Le triomphe insensé
Des grands archanges de neige[79]

A la femme, voie d'accès de l'univers du rêve, il dit: «Et tu nous portais au rendez-vous de l'archange»[80]. On trouve aussi la figure de l'ange comme cariatide de l'univers du songe: «Nul ange ne soutient plus le parapet des îles»[81]. Symbole du rêve, l'Archange témoigne que celui-ci est un univers sacré, identifié par le poète à la réalité absolue qu'il tente de rejoindre; peut-être y a-t-il dans cette figure une réminiscence de l'ange gardien du paradis? L'objectif sacré qualifie d'ailleurs d'autres éléments importants du monde onirique. L'aube, temps du rêve est «cet espoir sacré»[82], les vagues de la mer, dont on sait qu'elles sont l'appel au rêve, sont identifiées comme le «tumulte sacré»[83], le temps de l'amour, voie du songe, est sacré[84]. Nous avons vu aussi que l'espace reconstruit

78. *Poèmes*, p. 56.
79. *Ibid.*, p. 137.
80. *Ibid.*, p. 96.
81. *Ibid.*, p. 104.
82. *Ibid.*, p. 57.
83. *Ibid.*, p. 136.
84. *Ibid.*, p. 145.

devient cathédrale, basilique, sanctuaire... lieux du culte, chrétien ou païen, lieux où l'homme tente de cerner le sacré pour entrer en communication avec lui. Les images de l'arbre, de la colonne, rejoignent le symbolisme mythologique. D'autre part, le caractère absolu de la réalité rêvée trouve son expression, au plan de la matière, dans l'image de l'or. L'or n'est-il pas la matière parfaite, la réalité achevée. En plus de «l'Arbre d'or» [85], le poète évoque les «portes d'or» [86] entrée de l'univers du songe par l'amour, et les «clefs d'or des mers inconsidérées» [87].

Avec les clefs et les portes, nous avons un autre exemple du caractère mythique du rêve; ces images marquent le passage à un autre univers. Les clefs peuvent être données par l'amour, mais elles sont aussi celles du temps: «Le fleuve nous portait avec toutes ses clés» [88]. Les portes sont celles du ciel [89] que lui ouvre l'amour, ou ces «portes géantes soutenues par le feu» [90] qu'il entrevoit dans ses visions délirantes.

Les dieux ne sont pas absents de cet univers. Ils symbolisent la tentation pour l'homme de dépasser son destin, d'escalader le ciel, moins pour en précipiter les dieux que pour s'asseoir à leur table. Ils sont cependant toujours nommés pour exprimer l'échec de l'entreprise: «Les temples sont abolis où les prières nourrissaient les dieux». [91] Dans *Pris et protégé*, quand il s'abandonne à la mer, il entend «l'aspiration géante des dieux noyés» [92].

Un certain vocabulaire relie l'univers du songe au merveilleux chrétien et païen. Le rêve et l'amour surgissent comme un miracle. Les îles, les jardins, lieux élus du songe, sont «miraculeux» [93], le jour, la lumière de l'aube sont des «mira-

85. *Poèmes*, p. 62.
86. *Ibid.*, p. 29.
87. *Ibid.*, p. 216.
88. *Ibid.*, p. 192.
89. *Ibid.*, p. 188.
90. *Ibid.*, p. 16.
91. *Ibid.*, p. 84.
92. *Ibid.*, p. 35.
93. *Ibid.*, p. 16.

cles» [94] l'amour lui apporte «les miraculeux enchantements» [95] ouvre ses yeux sur les «miracles» [96].

> *Qu'une seule colonne nous soit enfin donnée*
> *Qui ne jaillisse pas du miracle* [97]

dira le poète à la fin de *Rivages de l'homme.*

Monde du miracle, le songe est aussi l'univers des «enchantements» (ce mot doit être pris dans son sens étymologique) des sortilèges, des fées. Les mots, les mers, les anneaux, les collines, la chaleur y sont magiques, les récoltes, les découvertes, les trésors y sont fabuleux.

On pourrait parler encore du symbolisme des nombres, du caractère épique de certains poèmes, mais les exemples cités nous semblent suffisants pour permettre d'affirmer que le songe du poète rejoint les images les plus anciennes et parfois les plus sacrées par lesquelles l'humanité a rêvé d'un monde originel et parfait. Sans doute est-ce là une des nombreuses composantes du caractère universel de la poésie de Grandbois que les critiques ont hautement loué: un rêve qui s'enracine dans la conscience millénaire de l'humanité et trouve pour s'exprimer des accents à la fois familiers et originaux.

C. LA FEMME, FIGURE CENTRALE

La femme est partout présente dans la poésie de Grandbois. Femme réelle et figure symbolique, amoureuse et mère, maîtresse des songes et de la dure réalité, elle cristallise en elle toutes les qualités de l'univers rêvé par le poète et en détient seule la clé.

Les images les plus fondamentales auxquelles nous nous sommes arrêtée plus haut, où s'inscrit la nature du songe et son dynamisme, nous les retrouvons quand le poète parle d'elle: la mer, les étoiles, les étincelles, toutes les images de blancheur; l'image du cercle et celle du jet vertical.

---

94. *Poèmes,* p. 63 et 75.
95. *Ibid.,* p. 71.
96. *Ibid.,* p. 87.
97. *Ibid.,* p. 157.

La femme possède toutes les séductions de la mer. Son sourire évoque «un départ de barques blanches» [1]. Ses doigts rappellent le mouvement chatoyant des eaux sous la lumière:

> *Ses doux doigts des muguets*
> *Houles moirées de la mer* [2]

Par sa respiration elle participe au grand rythme cosmique:

> *Son flanc palpite comme la mer*
> *Son gémissement retrouve l'odeur*
> *Le balancement des marées souveraines* [3]

En la possédant, le poète peut retrouver les eaux de vie qui hantent son songe. Quand elle se refuse, c'est toute la mer qui se retire:

> *Tu étais comme le dernier reflux des derniers océans* [4]

Symbole du songe, elle est reliée à la mer comme au lieu de sa miraculeuse épiphanie: «Mais toi, ô toi, je t'ai pourtant vue marcher sur la mer avec ta chevelure pleine d'étincelles» [5].

Réservoir inépuisable, la mer fournit donc au poète des images qui expriment toutes les valences du monde féminin.

Nous avons vu que dans l'univers de Grandbois, l'étoile est un appel au rêve et à l'amour. Or, cette étoile, il la voit dans l'oeil de la femme:

> *Sous l'ombre même de ton oeil*
> *Ô Bien-Aimée, ô lac d'étoiles* [6]

dans son front:

> *Ton front d'Étoile et d'ombre* [7]

L'association de l'ombre et de l'étoile dans cette dernière image souligne bien l'ambivalence de la femme, analogue

---

1. *Poèmes*, p. 50.
2. *Ibid.*, p. 120.
3. *Ibid.*, p. 175.
4. *Ibid.*, p. 86.
5. *Ibid.*, p. 95.
6. *Ibid.*, p. 63.
7. *Ibid.*, p. 33.

à celle de la nuit. Elle prend encore plus de relief si on la compare à cette autre qui renvoie à Dieu:

Son front d'astre et de feu [8]

La lumière triomphe ici sans compromis aucun avec les ténèbres. Mais l'étoile peut être plus charnelle, c'est:

L'étoile mauve de son sein [9]

L'étincelle, signe dynamique de la passion, brûle dans le regard de la femme, et sa disparition marque l'échec de l'amour.

Fiancée, ô Fiancée. Ton regard n'avait plus d'étincelles [10]

Elle se multiplie aussi dans sa chevelure.

Courons, volons
Replie en pointe de flèche tes longs cheveux d'étincelles [11]

Mer, étoile, étincelle, la femme est donc parfaitement assimilée à un univers onirique au centre duquel elle rayonne des prestiges que lui confèrent l'homme et le poète. Son intégration apparaît encore par la façon dont elle participe à une qualité essentielle du rêve: la blancheur.

Elle l'incarne dans son corps. Ses bras, ses épaules, son flanc sont blancs.

La grande chose du monde
Ses beaux bras blancs [12]
La blanche épaule des dormeuses [13]
Le flanc blanc de cette femme bénie [14]

Deux fois seulement ses vêtements sont évoqués: les deux fois, ils sont blancs. Prêtresse du bonheur, elle s'avance «vêtue de cette blanche tunique» [15], fiancée éphémère, la voici avec

8. *Poèmes*, p. 123.
9. *Ibid.*, p. 127.
10. *Ibid.*, p. 86.
11. *Ibid.*, p. 60.
12. *Ibid.*, p. 107.
13. *Ibid.*, p. 155.
14. *Ibid.*, p. 196.
15. *Ibid.*, p. 186.

Maison natale d'Alain Grandbois à Saint-Casimir, d'après une photographie ancienne

Residence de Mr Henri Grandbois St Casimir Que

Maison natale, telle qu'elle se présente aujourd'h

sa «robe sur le rocher comme une aile blanche» [16]. On ne peut s'empêcher de noter en passant cet art merveilleux par lequel le poète confond la femme et l'oiseau dans la blancheur et la fragilité, dans leur présence éphémère sur le rocher, hostile et éternel. Une autre image qui suggère l'évanescence de la chair et de la tendresse féminines, c'est celle de la neige:

> *En vain la neige de tes doigts comme un doux végétal* [17]
> *Innocence charnelle, neiges de mai* [18]

Cette perception de la neige sous le signe de la fraîcheur et de la vie par le rapprochement avec le végétal et le printemps est très particulière à Grandbois [19]. Elle est peut-être une des images les plus originales de sa poésie. La neige pour lui, ne participe pas à l'hiver, mort et froid. Cette valeur est exprimée par la glace. Elle semble acquérir ses privilèges de son rapprochement avec la chair dont elle partage la couleur et la fragilité; elle-même état intermédiaire, donc instable, entre la glace et l'eau. C'est d'ailleurs par son appartenance implicite à ce dernier élément qu'elle symbolise la tendresse ardemment convoitée:

> *Que le feu du ciel*
> *Confonde le feu des enfers*
> *Pour ces tendres neiges sans fin délectables* [20]

en même temps qu'elle lui confère sa propre instabilité. Dans certaines images, cependant, la femme semble dépasser la précarité de son propre destin. Telle la colombe, elle se fait promesse de paix et messager d'espoir:

> *Toutes les colombes comme ta bouche* [21]
> *Tu marchais et tu repoussais lentement la prodigieuse frontière des vagues*
> *Avec tes deux mains devant toi comme les deux colombes de l'arche* [22]

---

16. *Ibid.*, p. 48.
17. *Ibid.*, p. 70.
18. *Ibid.*, p. 231.
19. Pour une étude du thème de la neige, cf. Guy Labelle in *Lettres et Ecritures*, Université de Montréal, février 1964, 22-30.
20. *Poèmes*, p. 211.
21. *Ibid.*, p. 19.
22. *Ibid.*, p. 96.

Le rapprochement avec l'oiseau qui dans une image citée plus haut, accentuait la fugacité de sa vie, en fait ici le symbole de la renaissance au-delà de tout désastre.

L'importance affective du blanc pour le poète apparaît nettement dans cette apostrophe passionnée du très beau poème «vingt-cinq»:

> *Nacre perlée nacre nacre O Blancheur*
> *O doux pur Blanc*
> *Sans le rose impubère* [23]

Dans le symbolisme de la perle encore une fois se confondent la mer et la femme.

Trois images bien qu'exceptionnelles, nous semblent très significatives en ce qu'elles incarnent le rêve de blancheur dans des matières essentielles: le sel, le lait, l'hostie. Nous les relevons toutes trois dans *Rivages de l'homme.*

Le poète dit à son amante au début de «L'Aube ensevelie»:

> *Tes yeux comme l'haleine de l'aurore*
> *Comme le sel des buissons révélateurs* [24]

Deux qualités contraires sont attribuées au regard de la femme: la fraîcheur et la brûlure. Ce fait est constant dans l'oeuvre et nous l'avons déjà noté. Mais la brûlure n'est pas ici le feu dévorant de la passion, elle est la connaissance essentielle qui révèle l'homme dans sa confrontation avec l'amour.

La deuxième image sur laquelle nous voulons attirer l'attention est tirée de «La Danse invisible». Le poète vient d'évoquer sa mère, tout le passé surgit. La strophe s'achève sur ce vers:

> *O lait comme un coeur écrasé*

La comparaison, fulgurante du point de vue stylistique, du type: «La terre est bleue comme une orange» [25] nous plonge au centre d'un monde intérieur où les associations ne sont ni logiques, ni gratuites, mais vitales. Pour le poète, la femme est substantiellement vie et tendresse. Elle est don, comme un fruit. Ce lait de la tendresse maternelle colore tout l'univers

23. *Poèmes*, p. 210.
24. *Ibid.*, p. 145.
25. Paul Eluard, *L'amour, la poésie*, Gallimard, 1964, p. 17.

rêvé, il serait la matière même de l'aube. Ce vers est peut-être le centre organique de toute la poésie de Grandbois.

La troisième image ne se rapporte pas directement à la femme. Elle peut renvoyer soit au rêve, soit à l'enfance, mais puisque la femme est liée à l'un comme à l'autre, il ne nous a pas semblé hors de propos de nous y arrêter. «L'Ombre du songe» [26] s'ouvre sur cette strophe:

> *Perdu ce sourd secret*
> *Perdue la dure étincelle*
> *Du cristal éblouissant*
> *Que je possédais*
> *Que je portais*
> *Comme un prêtre l'hostie*
> *Avec les plus tremblantes précautions*

L'audace avec laquelle le poète identifie spontanément son rêve, ou son enfance heureuse à la réalité la plus haute du mystère chrétien témoigne, plus que tout commentaire, de la valeur sacrée qu'il leur confère. Son identification au prêtre, à celui qui prononce la formule rituelle par laquelle la Réalité s'incarne, fait de lui le ministre du songe, et du songe: la réalité absolue. Les «tremblantes précautions» marquent bien la terreur sacrée qui est la sienne devant cet univers.

Ces trois images du sel, du lait et de l'hostie, nous semblent donc extrêmement importantes; elles soulignent trois aspects essentiels du songe, partout présents, partout épars dans l'œuvre et qui se devaient de recevoir au moins une fois une expression privilégiée. La femme est pour le poète un être de tendresse et l'image du lait place cet univers sous le signe de la mère; mais elle est aussi le feu de la révélation, l'incarnation de la transcendance par laquelle l'homme se connaît et connaît l'autre. Le songe est incarnation éphémère d'une réalité essentielle au sein d'un temps qui l'exclut.

Mer, étoile, étincelle, blancheur, la femme est aussi cercle et verticalité.

Le cercle est inscrit dans son corps, dont il est une des séductions. C'est «la courbe nue de sa hanche» [27] «les cercles mou-

---

26. *Poèmes*, p. 133.
27. *Poèmes*, p. 103.

Maison du Dr Rousseau, grand-père maternel d'Alai Grandbois, à Saint-Casimir

Maison de Philippe Grandboi à Saint-Casimir, oncle d'Ala

vants de la femme rousse» [28]. Ce sont aussi ses doigts ba-
gués [29]. Séduction du désir, paix de l'enfance, aussi suggérée
par la même image. Nous avons vu plus haut, reliés par le cercle, la femme, l'enfance et le rêve: «Et ton genou rond comme
l'île de mon enfance» [30].

Cette image réapparaît dans *Rivages de l'homme:*

> *Mais peut-être alors*
> *Mon songe s'emparait-il*
> *Du tendre reflet*
> *De ses deux genoux ronds* [31]

La femme projette encore le poète dans l'enfance quand
elle rit «comme un enfant seul» [32]. La solitude ici évoquée est
plénitude et non pauvreté. C'est une solitude qui éclate de
rire, et nous verrons plus loin que c'est ce rire de l'enfance que
le poète de *L'Étoile pourpre* réussit à reconquérir.

Envoûtement du cercle, la femme sait être verticalité, affirmation dans l'amour:

> *Mais soudain tu te dressais*
> *Comme un beau lys éclatant* [33]

La syntaxe des images la met donc au centre d'un réseau
inextricable où communiquent en elle le rêve, l'amour, l'enfance.

La femme dynamise l'univers du poète. Quand elle se refuse, il reste «seul avec une âme perdue» [34]. Mais quand elle
se donne, alors il accède à l'univers du songe, et sa joie éclate
comme dans le très beau poème, «Le Songe» [35]. Toutes les
images essentielles du rêve s'y trouvent: images d'eau et de
fraîcheur: la source, le feuillage, la mer; images de mouvement: jaillir, frémir, balancer; images de verticalité triomphante contre la dissolution néantissante de l'univers: le tem-

---

28. *Ibid.*, p. 151.
29. *Ibid.*, p. 70, 102, 156.
30. *Ibid.*, p. 49.
31. *Ibid.*, p. 134.
32. *Ibid.*, p. 48.
33. *Ibid.*, p. 207.
34. *Ibid.*, p. 87.
35. *Ibid.*, p. 190.

ple, la tour, le cri et le vertige qui marque l'accession au monde des dieux, et l'éclatement de la joie: clocher, soleil, et le pouvoir magique des mains, et la dernière image, éblouissante:

> *La coquille de son corps*
> *Bat aux portes du ciel*
> *Et je brûle de ton feu*
> *O beau supplice retrouvé* [36]

où le monde marin devient le ciel à posséder dans le corps de la femme.

Dans *Les Iles de la nuit*, la figure de la femme est souvent plus mystérieuse qu'érotique. Elle semble détenir des pouvoirs merveilleux, en particulier la maîtrise du temps:

> *Ta lèvre enchaîne la ceinture de l'aurore* [37]
> *Tes paumes ouvertes recréaient les destins abolis* [38]

et la maîtrise des eaux:

> *Mais toi, ô toi, je t'ai pourtant vue*
> *marcher sur la mer avec ta chevelure pleine d'étincelles...*
> *Tu marchais et tu repoussais lentement la prodigieuse frontière des*
> *vagues...*
> *Et tu nous portais au rendez-vous de l'archange* [39]

Les Iles de la nuit s'achèvent sur cette image énigmatique et ambivalente où les pouvoirs du songe se confondent avec ceux de la mort portés par la figure toujours envoûtante de la femme.

Les liens de celle-ci avec la mort apparaissent en particulier dans trois adjectifs qui renvoient aussi bien à l'une qu'à l'autre: ce sont lisse, belle et glacé.

Le corps de la femme est lisse:

> *Ses belles mains innocentes*
> *Repoussaient le doux vertige*
> *De son tendre corps lisse* [40]

---

36. *Ibid.*, p. 191.
37. *Ibid.*, p. 18.
38. *Ibid.*, p. 16.
39. *Ibid.*, p. 95, 96.
40. *Ibid.*, p. 137.

Les oiseaux voletaient
Autour de ses épaules lisses [41]

Cet adjectif qualifie également le rêve dans ses différentes expressions: les eaux, l'éclair, les plages, la mer sont lisses [42]. Appliqué au front, lisse devient signe de mort:

Nymphes de gel
Beau danger superbe
Devant ce front lisse [43]
Ah visages à jamais fermés
Beau front lisse et glacé de nos mortes [44]

Lisse est donc un des caractères de la mort:

Rigides et lisses comme deux morts [45]

L'adjectif belle qualifie à la fois la femme morte et la mort prenant visage de femme. Dans le premier cas nous avons:

O Belle aux yeux morts [46]
O Belles mortes adorées [47]

Dans le second:

O Mort,
O Danse de fleur glacée
O Belle dormant de cette paupière [48]

Il faut signaler en passant comment le traditionnel bal macabre demeure en filigrane dans le mot «danse», mais l'allégorie du squelette hideux cède le pas à une image née tout à la fois du sentiment de la vie et du sentiment de la mort chez Grandbois. La vie est pour lui aussi belle qu'éphémère, d'où l'image de la fleur. Elle est aussi, dans une large mesure, identifiée à la fraîcheur de l'eau, à sa liquidité. La glace apparaît alors comme la trahison au sein même de la vie, comme le symbole élu de la mort: celle-ci devient une «petite chose glacée» [49].

---

41. *Ibid.*, p. 222.
42. *Ibid.*, p. 82, 120, 220, 241.
43. *Ibid.*, p. 101, 102.
44. *Ibid.*, p. 169.
45. *Ibid.*, p. 238.
46. *Ibid.*, p. 114.
47. *Ibid.*, p. 123. Cf. aussi p. 135, 144.
48. *Ibid.*, p. 56.
49. *Ibid.*, p. 128.

Église et presbytère de Saint-Casimir

Cet adjectif dénonce toutes les formes de la mort. La femme, sourde au désir de l'homme a une «âme glacée» [50], la solitude, la nuit sont glacées [51]. La glace est également associée à la mort du temps indiquée par les révolutions cosmiques:

> Houles moirées de la mer
> Qui nous rouleront plus tard
> Au gel des étoiles décédées [52]

Le refroidissement des étoiles, du feu cosmique, de la lumière pure n'est-il pas une image désespérante de la puissance de la mort, de sa victoire inéluctable? De même qu'au feu volcanique succède «Ce gel soudain de cratère éteint» [53], la passion s'efface devant l'indifférence.

«La femme chez Grandbois, est la Fiancée par excellence, promise mais non donnée, une île qui flotte dans le regard, qui invite, qui consent, et qui s'éloigne à contre-courant. Lorsque enfin on s'agrippe à son rivage, lorsque l'on embrasse son corps, elle s'enfonce vers son origine et dépayse à jamais celui qui croyait se retrouver en elle [54].

Jacques Brault exprime admirablement dans ce passage, la relation du poète à la femme, telle qu'elle transparaît dans sa poésie. C'est essentiellement une relation de désir, et d'un désir exacerbé puisqu'il ne connaît point le repos. On sait que les surréalistes, Breton en particulier, ont chanté le désir qui permet à l'homme d'échapper au quotidien, d'atteindre à la splendeur de l'amour vécu, chaque fois, comme exclusif et absolu. Cette valorisation du désir, instrument de libération et de dépassement, repose sur une foi dans l'amour possible, fugace mais intact à chaque résurgence. Si Grandbois fut le premier poète québécois à chanter l'érotisme [55], paradoxalement son oeuvre est un hymne à l'amour impossible. Libre à qui le veut de parler de cette impossibilité en termes métaphysico-religieux et de perpétuer le mythe de la femme — che-

---

50. *Poèmes*, p. 81.
51. *Ibid.*, p. 29, 204, 214.
52. *Ibid.*, p. 120.
53. *Ibid.*, p. 132.
54. Jacques Brault, *Alain Grandbois*, p. 56.
55. Cf. *Liberté 60*, p. 154-155. «Le droit à l'universel» de Pierre Emmanuel.

min — vers Dieu [56]. Libre à l'homme d'inventer cette «cosmogonie féminine où semblable à ces anneaux de corail tout n'émerge que pour mieux s'engloutir» [57]. Pour nous, l'oeuvre de Grandbois révèle une fascination aliénante du monde féminin. La femme n'est pas seulement la figure centrale de sa poésie, le visage de l'amour, de la tendresse et de la mort, l'élan et sa rupture, elle en est le tissu même. La rêverie matérielle chez Grandbois est sous le signe de l'eau parce que sa rêverie psychique est dominée par l'univers féminin. Gilles Marcotte y avait lu un rêve de grandeur incarné dans les matières dures. «Il nous paraît que l'eau dans cette poésie est l'élément contraire, le contrepoids d'une imagination vouée principalement à un rêve de force, de grandeur, de magnificence». [58] Jacques Brault, plus justement, parle d'une «vocation qui existe comme être de tendresse» et qui pose «un monde vénusien, un monde d'affinité, même de fusion» [59]. Il y a diverses façons et des plus opposées, de vivre cette rêverie de l'eau. Chez Grandbois, elle prend des proportions cosmiques; son milieu privilégié est la mer dont nous avons vu diverses valences échanger avec l'univers du rêve et le monde féminin, les liant inextricablement. C'est le caractère cosmique de sa poésie qui donne cette impression de force dont parle Gilles Marcotte, et que Bachelard définit comme une «conscience démiurgique» [60].

---

56. «L'amour est cette expérience même qui rouvre l'inguérissable blessure de l'âme et qui relance le destin de l'homme sur le parcours d'un interminable périple vers l'au-delà». Michèle Lalonde, *Ibid.*, p. 157.

57. Jacques Brault, *Alain Grandbois*, p. 57.

58. Gilles Marcotte, *Une littérature qui se fait*, Montréal, H.M.H., 1962, p. 247.

59. Jacques Brault, *op. cit.*, p. 84.

60. «Toutes les fois que nous avons pu faire monter des images jusqu'au niveau cosmique, nous nous sommes rendu compte que de telles images nous donnaient une conscience heureuse, une conscience démiurgique.» (*La Terre et les rêveries du repos*, Paris, José Corti, 1965, p. 77.)

D. *LA CONFRONTATION AVEC LE RÉEL*

Le sentiment du temps

«J'ai peur de ce qui finit, de ce qui ne reviendra plus jamais.» [1]

La conscience du temps joue un rôle fondamental dans l'imaginaire de Grandbois. Il semble qu'elle soit à l'origine même de son dynamisme. C'est contre l'action du temps que s'exercent les forces de l'imaginaire, c'est contre elle qu'elles se briseront. Deux poèmes des *Iles de la nuit* expriment directement la conscience du temps particulière au poète. Le poème «Les Jours» [2], dénonce l'action destructrice du temps et surtout sa façon imperceptible d'opérer. Les jours se meuvent sans heurt, sur les éléments les plus fluides, les plus insaisissables, les plus envahissants aussi. Le mouvement fuyant du premier verbe, glisser, fait place à des actions plus nettes: ils nouent, ils tissent, acte même de l'industrie domestique qui s'emploie à fabriquer, à conserver, mais la chute des vers nous découvre brusquement les mains vides des fileuses:

> *Nouant les chaînes d'oubli*
> *Tissent la tunique de l'absence*

La dénivellation du concret à l'abstrait suggère à elle seule l'action temporelle. Subitement, le positif devient négatif, l'être, néant. C'est la trahison même de la vie. Le présent est désormais passé, hors d'atteinte. A peine sait-on s'il a existé, le voici au néant, dont on ne sait s'il est mort ou vie. La dernière strophe dénonce, sous l'apparente douceur des jours, leur action véritable. Ils envoûtent, comme la musique, mais pour tuer. La rupture qu'ils opèrent arrache l'être à une fidélité rêvée dans une durée identique. Ils contredisent le désir le plus profond du coeur. Impossible de thésauriser. Le temps fait table rase de tout bonheur. La première trahison douloureusement vécue n'est pas celle de l'amour, mais celle de la vie temporelle qui arrache l'être à lui-même, le projette dans le passé alors qu'il s'était installé dans son présent comme dans l'éter-

---

1. *Le Soleil*, 11 sept. 1965.
2. *Poèmes*, p. 36.

nité. Dans «Est-ce déjà l'heure»[3], le poète semble à l'affût de cet instant-charnière où sous la poussée de demain, aujourd'hui devient hier. On retrouve la même perception du temps; son mouvement toutefois n'est pas attribué aux jours mais à l'univers entier; ce qui le rend plus affolant et plus inévitable.

> *La terre et la mer*
> *Glissent dans le temps*
> *Les bielles du ciel*
> *Roulent doucement*
> *Baignées d'oubli*

La conscience du poète est si sensible à l'action destructrice du temps qu'elle la vit d'avance. C'est le tourment qu'exprime le poème «Seize»[4]:

> *Ce qui me vient de toi* [...]
> *La nuit me l'enlèvera*
> *[...]*
> *Je ne verrai plus que des printemps abandonnés*
> *Et la fuite de mes âges dans la nudité de ta chevelure*

Non seulement le passé est perdu, mais le présent même est dévasté, car, dans la perspective de l'avenir, il est déjà passé.

Le temps fait échec à l'amour. C'est ce que traduit aussi «L'usure recommence le monde»[5].

> *L'usure recommence le monde*
> *Nous recommence mon cher amour*
> *Refaisant l'orgueil de nos fronts*
> *Refaisant le jet vertical de nos corps*
> *Cherchant la voie du futur mensonge*
> *Dans l'innocence de la joie*

Le temps est donc senti comme une force négative et destructrice. Son mouvement irréversible s'oppose au besoin profond qu'aurait le poète de demeurer dans un temps immobile et heureux dont la première conscience remonte à l'enfance.

On s'est demandé parfois si Grandbois était romantique. Il nous semble qu'on ne peut répondre globalement à cette

---

3. *Poèmes*, p. 42.
4. *Ibid.*, p. 50.
5. *Ibid.*, p. 52.

question. La démarche du poète est authentique, son expression à la fois personnelle et contemporaine. Son oeuvre ne saurait, par conséquent, être assimilée à aucune école littéraire. Mais il faut bien reconnaître que la conscience du temps qui s'exprime dans *Les Iles de la nuit* et *Rivages de l'homme* s'apparente à celle des romantiques (elle sera modifiée dans *L'Étoile pourpre*). Le poète ne se soumet cependant pas facilement à l'inéluctable mouvement temporel. Il voudrait faire lever l'humanité entière, rallier hommes et femmes dans toutes les circonstances possibles de lieu, de temps, de sentiments, afin qu'ils proclament avec lui leur révolte contre sa fluidité:

> *Cherchant en vain au bout de nos doigts crispés*
> *Ce mortel instant d'une fuyante éternité* [6]

Mais cette révolte, pour massive qu'elle soit, n'en demeure pas moins stérile. Le poète, seul, s'aventure plus loin. Il tâchera de renouer avec le passé, de remonter le cours du temps afin de l'annuler [7]:

> *Les souvenirs entre nos doigts*
> *Trouveront-ils les fleuves*
> *Remontant vers les sources droites* [8]

Peut-être y a-t-il une durée psychique qui fasse échec à la rupture temporelle? Peut-être aussi le passé continue-t-il de vivre quelque part, attendant que l'homme aille le rejoindre:

> *Les musiques de l'enfance*
> *Se sont-elles jamais tues*
> *De l'autre côté du monde* [9]

Il est difficile de voir ici plus qu'une facilité née du besoin intense de continuité. Nous avons vu que c'est aujourd'hui et vivant que le poète voudrait retrouver ce temps heureux dont il est exclu et que c'est à la femme et à l'amour qu'il en redemande l'accès. Mais le temps qu'il cherche à fuir le rejoint au sein même de l'amour:

---

6. *Poèmes*, p. 25.
7. La remontée dans le passé est un des thèmes de *L'Étoile pourpre.*
8. *Poèmes*, p. 44-45.
9. *Ibid.*, p. 43.

Car l'heure parfaite n'est pas dans le temps assez reculée
Car le secret des astres n'est pas dans l'espace assez lointain
Pour que morte la Mort et morte son ombre
Elle ne puisse plus nous saisir [10]

C'est la confrontation inévitable avec la mort, sentie, vécue d'avance comme une fatalité victorieuse.

La présence de la mort

La conscience de la mort opère comme un rayon X. La beauté prestigieuse de la chair s'évanouit dans sa radiation; le squelette qu'elle voilait apparaît dans son implacable réalité.

Il y aura demain mon éternelle nuit
La dure et seule nudité de mes os [11]

La dureté des os annule le rêve de tendresse de la chair, la mort inévitable rend dérisoire l'exaltation de la vie. Les yeux, les mains, les bras, la poitrine, organes de contact, d'accueil, de transformation du monde, sont frappés d'impuissance. L'élan vertical est rendu impossible par les «talons de plomb» [12]. Le poète projette dans l'univers cet obstacle qui l'habite, auquel il se heurte désespérément. Le minéral: roc, pierre, les métaux: fer, plomb, envahissent sa poésie comme autant d'échecs à son rêve sous le signe de l'eau.

La poésie de Grandbois multiplie les interpellations aux morts, les évocations de femmes mortes, les conjurations de la mort. *Rivages de l'homme* tout entier est placé sous ce signe: «Si un homme a appris à penser, peu importe à quoi il pense, il pense toujours au fond à sa propre mort.» [13]

Les morts sont physiquement présents dans cette oeuvre et la terre identifiée à un tombeau. Ce sont les «quarante millions de beaux cadavres frais» [14], les mortes aimées: «Sous une

---

10. *Ibid.*, p. 61.
11. *Ibid.*, p. 125.
12. *Ibid.*, p. 102.
13. Citation de Tolstoï placée en exergue à *Rivages de l'homme.*
14. *Poèmes*, p. 106.

terre rongeuse/Avec leurs ongles secrets violets» [15]. Ce recueil comme le précédent [16] s'ouvre par une interrogation sur le sens de la vie face à la mort. Les termes en sont cependant plus précis: les morts eux-mêmes viennent chanter aux vivants les beautés de la vie. Mais ils ne savent justifier «cet inconnu/dont on soupèse le poids/Dans nos blasphèmes ténébreux» [17]. Le mystère de la mort demeure entier, la révolte douloureuse cherchera en vain une fissure pour s'infiltrer à l'intérieur de son royaume.

La mort est vécue dans tout le recueil comme une séparation douloureuse que le poète cherche à minimiser le plus possible. Une fraternité se crée entre morts et vivants qui tend à abolir les frontières de l'être:

Je porte mes morts
Ils sont pleins de sourires
Ils voient a travers moi
Je vois à travers eux

Je les porte ils me portent
Ils sont plus fraternels
Que tous mes vivants [18]

Les morts sont parfois évoqués sous terre, mais dans l'ensemble du recueil, ils sont sentis comme «dissimulés derrière les murs des chambres vides», inaccessibles mais pourtant présents derrière de secrets horizons, cachés dans les brouillards, ils sont les absents, les disparus, non les détruits. Le coeur voudrait croire qu'ils continuent d'exister ailleurs, voudrait établir la communication avec l'au-delà. Plusieurs poèmes semblent tirer leur origine de ce désir de rejoindre les mortes aimées, et par elles, d'atteindre le secret du monde d'ici-bas, de la vie humaine vécue dans la souffrance absurde et la mort de tous les instants et dont le sens, s'il en est un, ne peut être connu que dans l'ailleurs intemporel. «Le rêve s'empare» [19] nous offre une des figures les plus belles et les plus énigmatiques de cette femme initiatrice de l'au-delà, de celle qui «est le coeur et la

15. *Ibid.*, p. 123.
16. *Les Iles de la nuit* remettaient en question le triomphe momentané de la vie: «Si les morts de la veille refusent de ressusciter», p. 14.
17. *Poèmes*, p. 109.
18. *Poèmes*, p. 110.
19. *Ibid.*, p. 56.

Saint-Casimir vu de la rivière Ste-Anne

Collège des Frères de l'Instruction Chrétien
fréquenté par le jeune Al

vie et la porte/du secret retrouvé/Dans son refuge de mor-
te/» [20].

Mais les morts sont exigeants. La fidélité ne leur suffit pas.
Ils ne retrouveront la paix que par la réunion, c'est-à-dire le
passage des êtres aimés dans l'au-delà, puisque l'inverse n'est
pas possible:

> *Nous nous délivrerons*
> *A l'instant écrit*
> *Le jour de notre mort*
> *N'est suspendu*
> *Qu'à son front d'astre et de feu* [21]

En attendant, le vivant refuse la vie, refuse de se laisser entraîner dans le cours du temps qui lui apporterait l'oubli. Il
veut se réfugier dans un instant qui scelle son destin pour toujours, comme la vieille dame des *Grandes Espérances* de Dic-
kens, ou la «Dame au palmier» d'*Avant le chaos*. La mort semble avoir réussi là où l'amour a échoué:

> *Le temps tombe de la terre* [22]

Mais la révolte est impuissante:

> *Les cris n'importent pas*
> *Ni le secours du poing*
> *Contre le rouet du deuil* [23]

La mort est sans rémission. La révolte vécue jusqu'à l'impossible s'épuise d'elle-même. A la question sans réponse se substitue un dépassement sur le plan vital. Le dépouillement intérieur auquel le poète est arrivé le force à entrer dans le temps
humain. Il lui faut échouer, bon gré mal gré aux «*Rivages de
l'homme*».

Le triomphe de la vie

Les Iles de la nuit chantaient le désir violent de nier mort
et temps et de se livrer tout entier aux sortilèges de l'amour
et du songe. La mort est au centre des *Rivages de l'homme*.

---

20. Dans *Les Iles de la nuit,* la femme morte est fiancée, dans *Rivages de l'homme,* elle est la mère.
21. *Poèmes,* p. 123.
22. *Ibid.,* p. 132.
23. *Ibid.,* p. 158.

Elle est l'expérience douloureusement vécue qui ébranle l'être dans ses assises les plus profondes d'où il ne peut sortir qu'anéanti ou plus fort. Dans *L'Étoile pourpre*, le poète semble se vouer à la mort, mais cette fois-ci pour l'exorciser. Cette mort initiatique est symbolisée par la descente aux enfers terrestres et aux profondeurs marines, d'où le poète remonte enfin vivant, après avoir rapatrié les sources de son être, et reconquis paradoxalement la joie de l'enfance. Nous nous arrêterons quelques instants à certaines images qui nous semblent particulièrement significatives de cette reconquête de la vie.

D'abord l'adjectif «nu» qui désignait le dépouillement de l'homme devant la vérité de la mort, prend ici un autre sens. Il chante l'intégrité de l'homme sortant de la mer comme des eaux originelles:

> *Je plongeais d'un seul bond*
> *Dans le gouffre masqué*
> *J'en rapportais malgré moi*
> *L'algue et le mot de soeur*
> *J'étais recouvert*
> *De mille petits mollusques vifs*
> *Ma nudité lustrée*
> *Jouait dans le soleil*
> *Je riais comme un enfant*
> *Qui veut embrasser dans sa joie*
> *Toutes les feuilles de la forêt*
> *Mon coeur était frais*
> *Comme la perle fabuleuse* [24]

Ce passage chante la vie retrouvée par une plongée dans les eaux-mères. L'abolition des frontières du moi, recherchée dans l'amour, est ici réalisée dans une fraternité cosmique. Le coeur n'est plus sang et blessure mais merveille intacte et solide. La joie éclate comme dans tout le recueil. Elle est liée au soleil et à l'amour.

> *Quand les délires de la joie venaient*
> *Nous étions émerveillés sous le soleil* [25]

Il faut comparer cette joie triomphante: «Ma joie déchire les temps morts» [26] à la précarité de la joie dans *Les Iles de la nuit*:

---

24. *Poèmes*, p. 167.
25. *Ibid.*, p. 245.
26. *Ibid.*, p. 203.

94

Mais nos échelles de joie
Ont-elles jamais été tissées [27]

Dans cette image, la joie semble fatalement inaccessible. La forme impersonnelle et le passé composé indiquent un destin préparé par une volonté anonyme et contre lequel il serait vain de lutter. Une autre image indique encore la relativité de la joie :

Et ces hautes colonnes de joie
Souvenirs ô souvenir
S'écroulaient soudain comme du plomb fondu [28]

Les colonnes ne reposent pas sur la terre, elles sont portées par les mains de la femme. Elles sont précaires non seulement par leur base mais à cause même de la nature de l'expérience qui les fait naître : elles s'élèvent dans un univers excessif, mais la chaleur même les fait s'écrouler. C'est pour avoir éprouvé cette double précarité de sa joie que le poète, à la fin des *Rivages de l'homme*, veut accéder à un univers plus stable :

Qu'une seule colonne nous soit enfin donnée
Qui ne jaillisse pas du miracle
Qui pour une seule fois
Surgisse de la sourde terre
De la mer et du ciel
Et de deux belles mains fortes
D'homme... [29]

Le poète désire donc que sa joie désormais naisse de l'univers réel, et non de l'univers miraculeux du songe, il veut également la reprendre des mains de la femme, l'assurer dans ses propres mains fortes de leur expérience humaine. Cette joie marquerait la réconciliation de la terre, lieu de sépulture et de toutes limites et de l'univers rêvé dans la liberté et les exigeantes dimensions de l'imaginaire. Elle ne serait ni évasion du réel ni soumission à ses limites, mais coïncidence du rêve et de la réalité. La joie dans *Les Iles de la Nuit* ne pouvait naître que dans le songe. Dans *L'Étoile pourpre*, elle naît dans l'espace et le temps humains; elle est sous le signe du soleil. Elle est le triomphe du jour sur la nuit, de la vie sur la mort, de la conscience sur l'inconscient.

---

27. *Poèmes*, p. 20.
28. *Ibid.*, p. 16.
29. *Ibid.*, p. 157-158.

> *Les aveux de la nuit*
> *Ne peuvent rien contre le désir*
> *Du jet doré du Jour triomphal* [30]

et encore:

> *Ce qui reste de l'ombre épaisse*
> *Prépare le jour et la joie*
> *La danse frissonnante du soleil* [31]

Mais cette victoire proclamée et durement gagnée du jour sur la nuit pourrait marquer la fin de la poésie qui a si magnifiquement témoigné du combat. La nuit était vécue par le poète comme essentiellement ambivalente et par là dynamique: assimilée au milieu même de la vie humaine, c'est contre elle qu'il réagissait, c'est elle qu'il cherchait à refouler par le songe. Mais elle n'opérait pas seulement comme une provocation, elle était le lieu même d'où naissait le songe. C'est dans la nuit que le poète voit les «signes de l'étoile» [32], c'est dans la nuit et contre elle qu'il cherche par l'amour à se projeter dans un lieu qui corresponde à ses exigences. C'est pourquoi, à la fin de *L'Étoile pourpre*, avant les deux magnifiques poèmes où éclate, au bout d'une longue quête, la victoire du jour, on peut trouver un court poème intitulé «Ce qui reste» [33]. Le poète y pressent que la fin de la nuit marquera, en même temps:

> *La fin des dernières agonies*
> *La fin du poème du poète*
> *La fin des grands silences bénis*

On sait que Grandbois projetait d'intituler son dernier recueil *La Délivrance du jour*; or il nous semble significatif qu'il ait préféré à ce titre celui de *L'Étoile pourpre*. Le «Petit poème pour demain» [34] indique le rapport de l'étoile au soleil:

> *O belle étoile la plus jeune*
> *Tu nous prends tu nous enveloppes*
> *De ta flamme la plus douce*
> ...   .
> ...   .

---

30. *Poèmes*, p. 211.
31. *Ibid.*, p. 234.
32. *Ibid.*, p. 51.
33. *Ibid.*, p. 233.
34. *Ibid.*, p. 199.

> *Et cependant dans ton incandescence*
> *Nous retrouverons enfin*
> *La grande délivrance du jour*

C'est donc l'étoile qui affranchit de la nuit, une étoile non pas lointaine, inaccessible, image-cliché de l'idéal hors d'atteinte, mais toute proche, si proche qu'elle est non seulement lumière mais flamme qui ranime, comme un amour très doux qui ne peut être que bienfaisant; c'est par l'étoile que le poète retrouve le jour, mais c'est elle aussi qui le valorise, qui maintient, au sein même du jour, les valeurs positives et élues de la nuit. Le poète n'a pas renoncé aux valeurs de l'imaginaire. La valence nocturne de jour reconquis, son lien avec une tendresse originelle apparaît dans ce vers: «l'enfance perdue/Ce soleil du matin tendre comme une lune» [35].

La vie retrouvée est encore attestée par la substitution du vert au bleu. Nous avons souligné plus haut le lien du rêve et de la mer dans *Les Iles de la nuit*. La mer y était surtout vue, ou sentie en surface seulement. Explorée en ses profondeurs, elle devient non plus eaux du songe mais eaux de vie, sa couleur n'est plus celle du ciel, mais celle de la vie végétale. Le vert est presque senti physiquement dans *L'Étoile pourpre*: les feuilles, l'herbe, le sapin, le pin, les prairies, les prés rendent à la terre la vie qui dans *Les Iles de la nuit*, ne se retrouvait que dans des images mythiques:

> *... le tertre vert autour de l'arbre unique* [36]

ou

> *L'Arbre d'or*
> *Avec ses bras verts de prophète* [37]

Alors que le bleu envahissait tout l'univers du songe, le vert colore ici les jours heureux:

> *les jours de claire verdure* [38]

Il est le souffle même de la vie:

---

35. *Ibid.*, p. 243.
36. *Ibid.*, p. 70.
37. *Ibid.*, p. 62.
38. *Ibid.*, p. 164.

> De longues algues se courbent
> Sous le souffle invisible et vert
> Des grandes annonciations [39]

La vie retrouvée est encore attestée par l'image des poumons. Tout respire: l'homme:

> On voulait voir une feuille verte
> Un oiseau, le reflet bleu du lac
> Des sapins autour les poumons enfin délivrés [40]

mais aussi l'herbe:

> Aubes nourries d'herbes
> De feuillages luisants
> Engageant leurs poumons bleus [41]

et la mer:

> Et toute l'immense mer resplendissante
> Et les poumons de ses vagues
> Nous balançaient comme de jeunes époux [42]

Le poète habite désormais l'univers comme un lieu humain qui se dilate aux dimensions du rêve.

Ô Bien-Aimée...

Le ton de la poésie de Grandbois n'est pas exactement le même dans chaque recueil. Leur contenu explicite peut justifier en partie cette différence. Nous en avons parlé plus haut, en indiquant la dynamique de chaque recueil. Un autre facteur cependant intervient dans chaque poème pour en déterminer le ton, c'est la présence ou l'absence d'interlocuteur, ce que la rhétorique désigne sous la figure d'apostrophe. 75% des poèmes des *Iles de la nuit* s'adressent nommément à quelqu'un (ou quelque chose); cette proportion se réduit à 25% dans les *Rivages de l'homme* et remonte approximativement à 40% dans *L'Étoile pourpre*. La fréquence de l'apostrophe donne à la fois une intensité très grande et un accent dramatique à la poésie

---

39. *Ibid.*, p. 236.
40. *Ibid.*, p. 245.
41. *Ibid.*, p. 210.
42. *Ibid.*, p. 243.

de Grandbois. La parole ne se déroule pas en pure gratuité, elle ne nomme pas l'univers pour le seul plaisir de lui donner existence, elle est action qui vise à la transformation des relations du poète avec les êtres et les choses. Elle devient invocation ou conjuration, elle révèle un être tendu dans le désir ou l'angoisse, la provocation ou la supplique, mais jamais serein ni dominateur. C'est dans l'intensité de l'invocation que la poésie de Grandbois, dans *Les Iles de la nuit*, atteint à sa plus grande ferveur humaine. C'est à la femme que s'adresse le plus souvent le poète: 13/20 des apostrophes sont faites à la femme aimée. Tantôt le poète lui dit l'échec de l'amour aux mains du temps et de la mort, tantôt il exalte sa victoire momentanée et le triomphe du songe. Parfois il s'adresse à elle comme à une figure perdue et désormais inaccessible, mais souvent comme à quelqu'un de très proche. Dans *Rivages de l'homme*, c'est la mort qu'il interpelle ou les mortes, dans *L'Étoile pourpre*, la femme est de nouveau au centre de son univers, peut-être plus évoquée qu'invoquée.

La voix de Grandbois, poète cosmique, voyageur de tous les horizons, naît dans l'intimité d'un «nous» menacé afin de le sauver, elle s'élève au coeur de la division temporelle dans un effort désespéré pour la mettre en échec. Le «nous» qui habite son oeuvre est rarement le «je» royal de Saint-John Perse: «Grand âge, nous voici.» Quelques fois seulement, il semble s'élargir aux dimensions de la communauté humaine et peut être compris comme un pluriel collectif. Dans la majorité des cas, le «nous» est celui du couple, comme chez Eluard. Cependant le rapport des deux éléments qui le constituent est très différent. Chez Eluard, le couple a réalisé son harmonie: le «je» et le «tu» se fusionnent pour former un nouveau moi qui exulte, se fait reflet et accueil de la communauté tout entière.

> *La capitale du soleil*
> *Est à l'image de nous-mêmes*
> *Et dans l'asile de nos murs*
> *Notre porte est celle des hommes* [43]

---

43. Paul Eluard, «Par un baiser» in *Le dur désir de durer*, Paris, Seghers, 1960, p. 13.

Le «nous» de Grandbois n'est pas celui du couple qui se propose aux autres, mais sa propre voix qui s'adresse à l'autre. Il parle depuis un univers connu à quelqu'un qui en fait partie. Cela est parfois évident dès le début du poème, parfois il faut attendre au milieu ou à la dernière strophe que le nous se scinde révélant un «tu» à qui s'adressait le poème entier, révélant aussi la division à l'intérieur du couple.

L'aspect dramatique qui résulte de l'apostrophe est encore renforcé par le rôle du temps dans la structure du poème. Il y a dans les poèmes de Grandbois, des «blancs» qui ne correspondent ni aux silences mallarméens, ni au rayonnement de la plénitude chez Claudel. Ils marquent des ruptures temporelles qui ne relèvent pas de la logique mais sont commandées par la vie psychique et constituent peut-être une des plus grandes difficultés de lecture de cette poésie. Le lecteur en effet ne saisit pas la cause de ces changements inscrits dans le temps verbal, pas plus qu'il n'entre d'emblée dans ce temps auquel l'auteur se reporte. Cette instabilité dans la durée est très significative de la démarche de Grandbois. C'est sur ce point que la comparaison avec Eluard se révèle fondamentalement inacceptable. La femme est la clef de voûte de l'univers d'Eluard. Sa possession l'installe au coeur d'un monde stable, sorte de présent éternel (que Grandbois n'atteint que dans le songe). Dans la *Petite enfance de Dominique*, le poète fait de son bonheur actuel, né de la rencontre avec Dominique, la réalité nécessaire vers laquelle tout le passé convergeait, que l'Avenir ne fera que prolonger. Il retrouve, au sein d'un univers théoriquement sans Dieu, une volonté providentielle qui ordonne le monde en fonction des besoins du coeur. Rien de semblable chez Grandbois. Si la femme est au centre de son univers, elle n'est jamais pleinement possédée, mais rejetée, désirée, entrevue, atteinte puis perdue, ceci non dans des durées successives, mais presque dans le même instant de conscience. L'équilibre de l'univers d'Eluard fut à plusieurs reprises menacé, mais le poète en avait trop besoin pour ne pas le rétablir promptement. Chez Grandbois, nous sommes en face d'un déséquilibre permanent que le poète tente d'annuler par un équilibre précaire et vite détruit, puisque c'est au sommet de l'acte d'amour qu'il est atteint. La poésie de Grandbois est tension érotique devenue dramatique par la valence d'absolu qui s'y est attachée. Sa force et sa beauté, elle les tient d'une lutte authentique où le poète conquiert sa vie même, d'une tension des extrêmes qui crée, dans la violence comme dans la tendresse, dans le cosmique comme dans l'intime, dans le merveilleux comme dans le désespoir, des images dont on chercherait en vain les sources ailleurs qu'en lui. En redonnant à la poésie du Québec ses dimensions humaines, Grandbois a rendu à la parole d'ici sa puissance transfigurante.

Montréal, été 1970.

CHOIX DE TEXTES

PROSE

NÉ À QUÉBEC

Posés sur le brouillard comme des cathédrales de rêve, des icebergs élevaient des murailles de cristal éblouissant. D'autres, battus par de courtes vagues, plats et couchés sur la mer, flottaient lentement à la dérive, laissant derrière eux un sillage de miroir. D'autres, vallonnés et neigeux, les flancs tachés d'ombres mauves et de clartés roses, montraient des arêtes étincelantes comme des astres. Parfois l'un d'eux s'écroulait soudain, d'un coup, avec un énorme bruit. Alors l'eau jaillissait, verte, en mille fusées, et des remous, longtemps, faisaient tournoyer des glaçons de saphir.

Des îles noires, très hautes, pareilles à des places fortifiées, bouchaient l'entrée de baies profondes et étroites. La masse granitique du littoral tombait à pic dans la mer. Plus loin, des montagnes bleues chevauchaient l'horizon.

Jolliet mouillait dans les baies, escaladait les pics, n'apercevait qu'une région déserte et dure. Cependant, le 16, comme il quittait une baie, il vit une biscaïenne qui fuyait vers le large, dans la direction de Terre-Neuve. Il tenta de s'en approcher, le vent ne le lui permit pas. Deux heures plus tard, deux kayaks se présentèrent en vue de son vaisseau. Leurs occupants gesticulaient, criaient. Mais ils n'osaient aborder le *Saint-François*. Jolliet, s'étant muni de pacotille, descendit avec trois marins dans son canot, se dirigea vers eux. Ils étaient vêtus de peaux de loups-marins, portaient des bottes, des bonnets. Tous s'acheminèrent vers la côte. Là, les deux Esquimaux déclinèrent leurs noms. L'un, qui portait une barbe noire, s'appelait Capitena Joannis; son compagnon, Kamicterinac. Ils avaient des faces luisantes, riaient sans cesse. Ils expliquèrent à Jolliet qu'ils désiraient faire la traite, mais qu'ils ne pouvaient apporter leurs fourrures que le lendemain. Cependant, hilare et gras, Capitena Joannis déclara que si les étrangers désiraient connaître leurs femmes, ils pourraient, pour le prix de ces faveurs, conclure des marchés immédiats. Jolliet remercia, regagna son bord.

Ils revinrent le lendemain, firent quelques maigres échanges. Le même jour, Jolliet mit à la voile.

* * *

Après avoir doublé d'innombrables caps, traversé des havres, longé des presqu'îles rocheuses, Jolliet, qui se trouvait alors par 53° 44′ de latitude, découvrit une grande rivière, venant de nord-nord-ouest, dont il voulut remonter le cours. A peine avait-il fait une lieue qu'il aperçut deux biscaïennes. Leurs occupants, à la vue des étrangers, se réfugièrent sur une île, y cachèrent leurs embarcations, puis s'avancèrent sur le rivage en tendant au bout de leurs bras levés des peaux de loups-marins. Jolliet livra sa pacotille. On l'invita à venir au village, situé en amont de la rivière, à quatre lieues. Deux canots précédèrent le *Saint-François*. Les biscaïennes le suivirent.

Le village se composait de neuf cabanes de bois. Jolliet refusa de descendre à terre. Des kayaks vinrent tourner autour de son navire. Quelques heures plus tard, averti par les signaux du feu, le chef arriva. Il portait des moustaches à l'espagnole, se nommait Guignac. Jolliet le reçut à son bord. On fit la traite le lendemain.

Le jour suivant, les indigènes revinrent au bateau avec leurs femmes et les firent chanter. En guise de réponse, le Récollet entonna le *Sub tuum præsidium*. Des acclamations saluèrent le chant liturgique. Guignac répétait: Tchoukarou, Tchoukarou, ce qui signifiait paix partout. Alors Jolliet descendit au village.

Il y fut reçu avec des embrassades et des cris de joie. Quand la femme de Guignac aperçut le Canadien, elle s'empara de sa main et la baisa à la française. Elle portait un justaucorps en peau de loutre, des bottes de cuir qui montaient en s'élargissant jusqu'à sa taille. Guignac, avec orgueil, fit voir à Jolliet des poches de toile, une ceinture, un mouchoir, et un sac de cuir contenant quelques feuillets d'un livre espagnol. Dans le port naturel que creusait une anse de la rivière, Jolliet vit aussi quatre petits bâtiments neufs, fraîchement peints, et dont le gréement était complet. Il put lire sur l'arrière de l'un d'eux les mots: Jésus Maria Joseph. Naufrage, pillage, échange? Jolliet ne put l'apprendre.

*　*　*

D'autres golfes, d'autres baies, d'autres îles dressées comme des tours. Le pied des falaises se creusait sous le battement des vagues. Des abîmes bleus plongeaient au creux des montagnes.

...Et les nuits du nord livrèrent leurs sortilèges. Une clarté verte naissait au centre du ciel et descendait en s'évasant sur les horizons, comme une immense robe de tulle lumineux. Des rayons plus vifs s'allongeaient au ras de la mer, ondulaient lentement, pareils à des couleuvres engourdies. De grands cercles phosphorescents s'allumaient et s'éteignaient. Et soudain, comme mue par des souffles invisibles, l'aurore boréale se repliait en éventail, glissait du nord au sud, s'évanouissait dans la nuit bleue, puis renaissait de nouveau, gagnait le zénith, redescendait et s'étalait en une longue frange d'or barré d'une multitude de sillons verticaux et frémissants...

Alors s'affolait la boussole du Canadien.

Ô CANADA, TERRE DE NOS AÏEUX
de Marie Le Franc [1]

Il faut bien nous résigner à admettre, nous Canadiens d'origine française, que l'amour — car c'est de l'amour — que nous n'avons jamais cessé de porter à la France, (les petites croix blanches des grands cimetières du Nord le prouvent aisément) ne nous est guère rendu. C'est de l'amour à sens unique. Nous donnons, nous donnons, mais nous ne recevons pas beaucoup. Sans doute, quelques miettes, parfois, de la table fastueuse. Prix obscurs de l'Académie, de rares rubans rouges, de moins rares rubans violets, beaucoup de promesses, de belles images tirées des traités de botanique (tronc, ramure, rameau, branche, etc.) et d'innombrables tirades exaltant le «miracle» canadien. Mais ces tirades lyriques, ces discours émus de fins de banquet, ces homélies sentimentales de commencements de digestion, le romancier accrédité par quelque agence de propagande, l'académicien chevronné, le délégué de l'Alliance blablabla, le journaliste qui a «fait» la résistance en France, le journaliste tapi, durant toute la guerre, à New York, à Montréal, à Washington, à Hollywood, à Mexico, qui a «fait» la résistance, d'une façon connue de lui seul, ont rigoureusement observé, vis-à-vis de nous, dès qu'ils reprenaient pied au Havre, à Cherbourg, la consigne du plus parfait silence.

Je sais, je sais. Nous n'avons pas de grands génies littéraires. Nous n'avons pas, pour ne parler que des vivants, de Claudel, de Gide, de Cocteau, de Malraux, de Romains, de Sartre. Nous n'avons même pas — ô honte — de Dekobra. Soit. Nous le reconnaissons volontiers. Mais alors pourquoi tant de brillants

1. Article d'Alain Grandbois paru dans *Liaison* 9 (1947) 252-254, sur Marie Le Franc, *Ô Canada, terre de nos aïeux*. Éditions de la «Fenêtre Ouverte», Issy-les-Moulineaux, 1947.

messieurs, titrés ou attitrés, de l'Académie ou pas, mués soudain en voyageurs de commerce, viennent-ils nous faire du plat? Pourquoi viennent-ils nous dire, chez nous, la main sous le gilet, sur le coeur, ce qu'ils ne redisent pas chez eux? Ah, nous comprenons fort bien que M. Jean Paulhan, par exemple, s'intéresse particulièrement à la littérature malgache. Cela regarde M. Paulhan. Et M. Paulhan, qui ne nous connaît pas, ne vient pas faire de tournées de conférences au Canada. Nous «découvrir», nous couvrir de fleurs vraiment trop artificielles, balancer l'encensoir avec des mines de faux chanoine. J'aime bien M. Paulhan et ses Malgaches. J'aime aussi M. François Mauriac, qui se contente de nous déléguer, par procuration, Delly. C'est tout à fait franc. C'est de bon jeu. Il ne tente pas de nous tromper sur la qualité de la marchandise. On sait à quoi s'en tenir. Quant à M. Aragon, il nous dit tout simplement m... J'aime beaucoup M. Aragon, quelque communiste qu'il soit. Certains passages des «Beaux Quartiers» ne cesseront jamais de m'enchanter. Et certains chants d'«Elsa». M. Aragon reste chez lui.

Mais voilà. M. Charles Bruneau, éminent professeur à la Sorbonne, écrit à Montréal de notre ami le poète Robert Choquette: «Je ne connais pas d'oeuvre moderne de cette envergure qui ait paru en France... A quelle école rattacher ce beau poème? (Il s'agit en effet d'un fort beau poème, *Metropolitan Museum.)* On ne peut guère penser qu'à Victor Hugo. Robert Choquette renouerait donc, après les vaines tentatives de l'école, ou des écoles symbolistes, avec ce qu'on peut appeler la tradition classique française».

M. Georges Duhamel, de l'Académie française, vient au Canada. Il a l'oeil frais, le teint rose, la fesse plutôt grasse et hautement distinguée. Il donne une causerie à Montréal sur M. Georges Duhamel. Avec un succès qui tient beaucoup du climat de certains appareils frigorifiques. Puis repart dare-dare pour Québec, et sans le laisser trop ignorer aux journalistes, va rendre visite à un jeune romancier de la vieille ville, M. Roger Lemelin. Tout le monde est très touché.

M. Etienne Gilson, de l'Académie française, vient lui aussi faire son petit tour au Canada. M. Gilson, comme chacun le sait, est un monsieur très sérieux, très important, très imposant.

Les écrivains canadiens lui font fête. Et alors?

Alors voici. M. Charles Bruneau est retourné en France depuis longtemps. A-t-il fait connaître Robert Choquette en France? M. Georges Duhamel, qui a la plume prolifique, a-t-il beaucoup parlé de M. Roger Lemelin? M. Gilson, dans son discours de réception à l'Académie, a beaucoup parlé, par contre, du Canada. A-t-il mentionné Ringuet, Victor Barbeau, René Garneau, Robert Charbonneau, Roger Duhamel, Gabrielle Roy, Germaine Guèvremont? Non, mais il a trouvé moyen d'entretenir longuement son élégant public d'un certain Calvet, médiocre aventurier français à la solde de l'Angleterre et des Etats-Unis, qui exerçait son glorieux métier de double ou de triple agent aux alentours de 1784. Ce n'est vraiment pas la peine de franchir la mer atlantique pour réussir d'aussi passionnantes découvertes.

Mais un très bel écrivain français, Marie Le Franc, nous apporte, elle, sa fidélité. Elle a autrefois séjourné chez nous, nous a compris, nous a aimés. Elle nous en fournit une preuve nouvelle en revenant habiter notre pays. Elle nous apporte aussi des livres émouvants.

L'oeuvre de Marie Le Franc se partage entre la Bretagne et le Canada. Tout le monde a lu *Grand Louis l'Innocent*, qui lui valut le Prix Fémina. Mais elle écrit ensuite une douzaine d'ouvrages, contes, essais, romans, qui traitent du pays canadien, et son dernier livre est intitulé *O Canada*.

OPINIONS... SUR GIDE[1]

Je goûte peu les confessions publiques. Ce en quoi je ne suis guère gidien. Aussi, il est quelque peu difficile, pour un écrivain, de reconnaître, de rejoindre ses pères nourriciers et de leur assigner la place exacte et précise qu'ils ont occupée dans sa formation. Où cette première épée d'archange et de feu déchirant une chair neuve pour une blessure dont la cicatrice ne s'effacera jamais plus? Et encore, pour un homme de mon âge, comment se pencher sur son adolescence sans risquer de s'y trop complaire, sans fignoler malgré soi, sans se tromper ou se leurrer, bref, sans fausser la vérité!

Une santé fragile, et des caprices adéquats, tout le long de mon enfance et de ma première adolescence, m'éloignaient des collèges, ce qui me ravissait. Mes études dites classiques, — je me présentais chaque fin d'année aux examens rituels, — ne furent qu'une longue et délicieuse école buissonnière. Mes parents habitaient la campagne et jouissaient d'une large aisance. Je chassais, je pêchais, je flânais, je rêvais, j'écrivais des sonnets extrêmement parnassiens, observant toutes les règles de la poétique classique. (Il m'est arrivé, il y a quelque temps, de revoir certains de ces poèmes, tracés à l'encre violette, et je me suis trouvé imbattable pour la rigueur de la césure et la richesse apparente de la rime. J'ajoute tout de suite qu'ils étaient d'une naïveté déconcertante, et j'eusse volontiers jeté un pleur d'attendrissement sur ce passé révolu, si j'avais conservé le goût des larmes. Je l'ai perdu depuis longtemps). Je lisais surtout. Avec voracité. Et tout ce qui me tombait sous la main, laquelle était prompte et rusée, comme toutes les

---

1. Article paru dans la *Nouvelle Revue canadienne,* 1 (1951) 53-54.

mains d'enfants. Je lisais du meilleur et du pire, dans une merveilleuse confusion. Mes parents possédaient une bibliothèque d'une grande diversité. Mon extravagante avidité me conduisait, en cachette naturellement, de Paul Féval à Paul Bourget, de Henri de Régnier à Henry Bordeaux, de Tolstoï à Tourguenief, de Victor Hugo à Montaigne ou Pascal. Plus tard, à l'âge vénérable de quatorze ou quinze ans, je découvris que cette bibliothèque avait son petit enfer. J'eus vite fait d'en trouver le secret, c'est-à-dire, en l'occurrence, la clef nécessaire; elle était lourde et de bronze, ce qui ajoutait au plaisir de mon péché. Et aussi à mes scrupules, car j'étais de conscience délicate. Ce fut alors la grande aventure de Rousseau, de Voltaire, de Montesquieu, celle des grands poètes romantiques, celle de Balzac, de Flaubert, de Maupassant, de Zola. Et celle de Gide. Cette dernière, avec un goût de miel, me laissa cependant froid. J'étais engagé ailleurs. D'autres m'avaient marqué déjà: Vigny, Nerval, et au-dessus de tous, Dostoïewski. Car ma nature, que Dieu lui pardonne, me portait aux excès. Il va sans dire que les personnages de Dostoïewski me comblaient. Cet espoir insensé, ces naufrages inouïs, ces élans du coeur et de l'instinct portés aux frontières mêmes de la folie, je les vivais dans un délire à la fois joyeux et désespéré. J'ai lu les *Nourritures* au moment que je fréquentais les frères *Karamazov*. Je trouvais, chez le grand Russe, l'homme de ses livres. Il écrivait *le Joueur;* il jouait. Il se révoltait; il payait ses révoltes par des années de bagne sibérien. Ses créatures lui collaient à la peau. Gide maudissait la famille, Gide vivait bourgeoisement, en famille. Gide vomissait le cadre social, Gide retirait ses petites rentes. Ses aventures m'apparaissaient par trop intellectuelles. (C'était avant ses voyages du Congo, de Moscou.) Le coup de fouet de Dostoïewski m'empêchait de prendre Gide à mon sérieux. Ses *Nourritures* ne me nourrissaient pas.

Je n'ai plus, hélas, seize ans. Et je me vois un peu gêné de répéter, avec et après tant d'autres, que je considère Gide comme l'un des quatre ou cinq génies qui ont donné à notre siècle l'éclat que Racine, avec Corneille et Molière, ont donné au sien. Je connais tous ses livres, sauf son *Journal,* si j'excepte quelques extraits publiés avant la dernière guerre par la *N.R.F.* Je n'ai jamais lu une page de lui qui ne m'ait parfaitement enchanté. Mais sa drogue n'a pu m'intoxiquer. De plus puissants poisons m'en gardaient. Au moment que j'écris ces quelques lignes, à l'âge de la sagesse, — une simple façon de parler, cette sagesse, je suis assez sage pour savoir ce qu'en vaut l'aune, — Gide continue de faire mes délices. Mais il ne me bouleverse pas. Et je dois avouer que ce tout petit poème de Gérard de Nerval qui débute ainsi:

> *Où sont nos amoureuses,*
> *Elles sont au tombeau...*

m'émeut plus profondément que l'*Immoraliste, Numquid et tu*, ou *Saül*. Je ne prétends pas avoir raison.

LES VOYAGES DE MARCO POLO

Après trois mois d'une marche extrêmement pénible, les Polo retrouvèrent avec joie la plaine, ses herbes grasses, ses arbres verts, ses rivières chantantes, et le splendide repos d'un horizon calme. La Kashgarie s'étendait au pied des Monts Célestes. Ancien royaume indépendant, la province était maintenant soumise aux Mongols. Elle produisait du coton, des vignes. Des ruines de couvents bouddhistes marquaient le passage de Genghis-Khan. Kashgar, la capitale, était une ville populeuse, qui profitait des échanges de l'Inde et de la Chine. On y voyait quelques églises de Chrétiens nestoriens, des mosquées mal entretenues, un grand marché central grouillant de chameaux, de chevaux, de mules, où s'approvisionnaient les caravanes. Les gens de Kashgar passaient pour avares et incultes.

Laissant la Kashgarie, les voyageurs traversèrent le Quizil-Daria et virent Samarkand, célèbre au temps des califes, vénérée comme ville sainte, et où Alexandre, dans un banquet, échauffé par les libations, tua Clitus de sa propre main parce que celui-ci avait prétendu que Philippe, père du conquérant, avait été plus grand que lui. Samarkand était le siège d'un miracle connu de toute l'Asie. Djagataï, fils de Genghis-Khan, qui gouvernait cette province, s'était fait chrétien, et pour célébrer cette conversion les Chrétiens de la ville avaient élevé une église à saint Jean-Baptiste. Or, pour soutenir une des colonnes principales du temple, ils s'étaient servis comme piédestal d'une énorme pierre ayant appartenu à une mosquée musulmane. Furieux, les Sarrasins n'osèrent réclamer, bien qu'ils fussent supérieurs en nombre aux chrétiens, parce qu'ils craignaient le Khan. Mais celui-ci mourut soudain. Alors les Sarrasins exposèrent leur grief à son successeur, qui leur donna raison. Les chrétiens supplièrent, offrirent de l'argent, rien n'y fit, leurs ennemis sachant fort bien que la pierre enlevée, le temple s'écroulerait. Les chrétiens se mirent alors en prières pendant trois jours et trois nuits. Au matin du quatrième jour, ils virent que la pierre était disparue et que la colonne, reposant sur le vide, supportait toujours la charge du temple.

Puis ce fut le royaume de Yârkand, gouverné par Kaïdou, prince rebelle de la dynastie genghisganide. La capitale, — du même nom — était construite au centre d'une oasis, et fournissait chaque année à la cour de Pékin plus de cinq mille kilogrammes de jade que l'on extrayait du mont Misdjaï, situé à quelque distance de la ville. Le Misdjaï renfermait des jades de toutes couleurs; mais les plus précieux et les plus rares se trouvaient dans les sommets, aux flancs de rocs inaccessibles, contre lesquels luttaient, au mépris de leur vie, des centaines de chasseurs ambitieux. Les pierres les plus convoitées, blanches marbrées de pourpre et vertes veinées d'or, atteignaient un très grand prix.

L'eau de la région était mauvaise; on la recueillait dans des citernes où chacun allait ensuite la puiser. La moitié de la population souffrait du goître. Vers le Midi se trouvait un massif de montagnes habitées par des êtres surnaturels. Le pèlerin chinois Hiuantsang rapportait dans ses récits: «On voit des niches dans les flancs de la montagne et des cellules dans les rochers. Elles sont disposées d'une manière régulière, parmi les grottes et les bois. Beaucoup de saints personnages de l'Inde, ayant obtenu la dignité d'*arhat*, (saint bouddhique) s'élancent dans les airs et se transportent en cet endroit au moyen de leurs pouvoirs surnaturels, pour y fixer leur séjour. Aussi en compte-t-on un grand nombre qui sont entrés là dans le silence et l'extinction. En ce moment il y a encore trois arhats qui se sont fixés dans ces grottes escarpées, et qui, après avoir éteint le principe de la pensée, sont entrés dans l'extase complète. Comme leurs cheveux et leur barbe croissent peu à peu, les religieux du pays vont de temps en temps les couper.»

Les Polo pénétrèrent dans la province de Khotan, où commençait l'empire du grand Kaboulaï. Le centre du Khotan, qui formait oasis, était habité par une population bienveillante et riche, aux moeurs policées, de religion musulmane. Sous le nom de Yu-t'ien, cette province avait été au cours des siècles précédents un puissant royaume qui avait dominé tous les pays voisins. On y avait compté jusqu'à cent couvents bouddhistes, plus de cinq mille lamas. On y avait fait très tôt la culture du mûrier et l'élevage du ver à soie, choses jalousement réservées à la Chine impériale. Mais une infante chinoise, ayant épousé un roi de Khotan, avait apporté, cachés dans sa coiffure, des graines de mûrier et des cocons de ver, afin de retrouver un peu de sa patrie sur le sol étranger où le destin allait la contraindre de vivre. Plus tard, du royaume, cette industrie s'était implantée à Byzance. On trouvait aussi dans la province des pierres de jade qui rivalisaient en beauté avec celles du Yarkand. On les recueillait dans le lit de trois rivières: la rivière du Jade blanc, celle du Jade vert, et celle du Jade noir. Une légende voulait que le jade du Khotan fût du clair de lune cristallisé: «Les habitants observent pendant la nuit les endroits où le reflet de la lune est intense et c'est là qu'ils trouvent le plus beau jade.» Hors des murailles de la ville s'élevait un temple dont l'achèvement avait épuisé le règne de trois rois. Les poutres, les piliers, les treillis des fenêtres, les battants des portes étaient recouverts de lames d'or. Une haute tour dominait le temple, d'une richesse inégalable. Enfin la capitale avait été célèbre pour sa musique, pour ses danses, pour le savoir et pour la beauté de ses courtisanes. Au Xe siècle, les Sarrasins s'en étaient emparés, en avaient chassé les bouddhistes. Genghis-Khan à son tour avait écrasé les Infidèles.

* * *

L'oasis franchie, les Polo voyagèrent dans une région désertique, semée de marais asséchés, au sol rouge et poussiéreux, dont les sables renfermaient, au dire des habitants, de grandes villes englouties. Ils traversèrent Pein, capitale à peu près abandonnée, qui vivait maigrement du passage des caravanes. On y observait la coutume des mariages temporaires. Un voyageur pouvait, aux termes de la loi, épouser une femme pour un mois, pour une semaine, ou même pour vingt-quatre heures. La ville franchie, ils abordèrent un désert battu par des vents qui soulevaient les sables en tourbillons et effaçaient la piste des caravanes. Les cours d'eau suivis jusqu'alors, et qui descendaient des montagnes du Sud, venaient s'y jeter, s'y perdaient et disparaissaient. Ils atteignirent Tchertchen, puis chevauchant encore cinq journées dans le désert, ils arrivèrent à Lop.

GRÉGOR [1]

Nous avions pris l'habitude de passer une partie de nos nuits dans un petit cabaret de Péra, appelé «La Volga». Nous y connûmes les soeurs Livadia et Natalie Mérakine, nièces du patron, ex-amiral de la flotte impériale russe. Petit, triste, maigre, myope, voûté, avec une courte barbe blanche taillée en pointe, l'amiral, timidement, se grisait tous les soirs. Les deux soeurs étaient veuves et jeunes. Les malheurs n'avaient point réussi à les abattre. Elles riaient et fredonnaient sans cesse, servaient la clientèle avec une nonchalance et des grâces de reines. Elles portaient toutes leurs bagues, des colliers, des bracelets, et vers minuit elles exécutaient un numéro de danse assez fantaisiste, très chaste, d'un air désinvolte et moqueur. Comme l'amiral n'était pas assez riche pour acheter la faveur ou les distractions de la police, il devait fermer les portes de son cabaret à 2 heures. Alors ses nièces allaient le reconduire dans le modeste logement qu'ils habitaient au sous-sol de l'établissement, le déshabillaient, le couchaient. Il gémissait pendant quelques minutes, pleurait, sombrait dans le sommeil, l'oubli. Une nuit nous les y accompagnâmes, Grégor et moi. La chambre de l'amiral était minuscule et nue. Sur le mur, une large tenture de soie lourde, décolorée, frangée d'or, représentait l'écusson impérial aux armes de Russie. L'amiral, qui vacillait, s'inclina respectueusement devant elle, puis nous déchiffra d'un seul trait, à voix haute, forte, droit et mince comme un sous-lieutenant (il nous tournait le dos) les armes du blason tragique: «d'or à un aigle à deux têtes, éployé de sable, couronné de deux couronnes royales, l'aigle chargé en coeur d'un écusson d'argent à un Saint-Georges de sable». Puis il s'écroula sur son lit et se mit à sangloter.

---

1. Extrait tiré d'*Avant le Chaos*.

Lorsque enfin l'amiral reposait, nous allions tous les quatre finir la nuit au cabaret du vieil Abdoud Saoud. Son établissement était le plus achalandé et le plus luxueux de Constantinople. On racontait qu'il tirait le plus clair de ses revenus du commerce de bijoux et du trafic d'armes. Il était impitoyable et suave. La police le protégeait. Dans les heures qui précédaient l'aube, des émigrés russes, des secrétaires d'ambassade, des fils de famille anglais, des représentants de grosses compagnies américaines, des touristes millionnaires, des membres de la vieille noblesse turque que la révolution n'avait point complètement ruinés se réunissaient chez lui.

Et là, Natalie et Livadia retrouvaient ce que la naissance leur avait promis, ce que le destin leur avait enlevé. Elles buvaient du champagne, leurs amis et leurs connaissances venaient leur baiser le bout des doigts, elles riaient, dansaient, flirtaient, minaudaient, elles redevenaient pour une heure les créatures superficielles et charmantes d'un monde insouciant et frivole. Puis elles furent toutes deux amoureuses de Grégor. Une nuit, Natalie m'en fit la confidence:

—Oui, je l'aime. Et Livadia l'aime aussi. Mais Livadia ne l'avouera jamais. Sauf à moi. Elle me l'a avoué. Je lui ai dit que je l'aimais. Grégor ne voit rien, ne soupçonne rien... Mais toi, tu peux le lui dire. Alors! Qu'il choisisse l'une de nous. Nous sommes libres toutes deux... Ecoute-moi bien, tu nous plais, toi aussi, et nous te plaisons, n'est-ce pas? Bien! Vous êtes libres tous deux, Grégor et toi. Je parlerai à Livadia. Si Grégor la choisit, tu m'épouseras. Si Grégor me choisit, tu épouseras Livadia. Je t'en fais le serment. Je saurai persuader Livadia. Ma proposition n'est-elle pas honnête et juste?

Je connaissais déjà les fantaisies de l'âme slave, mais je dois admettre que cet exposé, malgré qu'il me fût donné dans les heureuses vapeurs du champagne, ne laissa pas de m'interloquer quelque peu. Quand j'eus repris souffle, je répondis à Natalie:

—Ton plan est admirablement conçu. Vous aimez Grégor, c'est parfait. Tout cela est parfait, sans aucun doute, sauf...

—Sauf?

—Sauf qu'il y a cette toute petite chose de rien du tout que vous avez naturellement oubliée dans l'élaboration de vos projets, Livadia et toi, et que cette petite chose minuscule, microbienne, il se trouve par hasard que ce soit moi. Vous aimez Grégor, celle de vous que Grégor ne choisira pas devra m'aimer; permets-moi de te dire que je trouve ça assez étourdissant!

—Pourquoi?

—Pourquoi, pourquoi?... Tu es ineffable! Pourquoi! Mais... parce que...

Natalie était la plus belle des deux soeurs. L'aînée. Elle pouvait avoir trente ans. Elle me répondit avec le plus grand sérieux:

—On m'a mariée quand j'avais seize ans. Je ne connaissais pas alors mon mari. Mais je l'ai aimé. Il est parti pour la guerre deux ans plus tard et il a été tué. Je n'ai jamais aimé depuis. Grégor est venu...

—C'est exactement le point. Alors, si Grégor choisissait Livadia, tu pourrais m'aimer? Tu imagines l'amour ainsi? On part avec l'intention de voir tel programme au cinéma, le cinéma est rempli, on refuse du monde, on va au cinéma voisin?

Natalie me regarda avec beaucoup d'étonnement, puis leva son visage vers moi, me tendit sa bouche.

—Mais pourquoi pas? J'aime Grégor, mais si Grégor en préférait une autre, je pourrais t'aimer. Livadia aussi. Tiens, veux-tu goûter mes lèvres, veux-tu? Je vais oublier et penser que Grégor a choisi Livadia...

Je vidai mon verre d'un seul trait. Puis:

—On ne peut pas dire que vous cherchez à compliquer l'amour, ta soeur et toi, et je parlerai à Grégor...

Elle m'interrompit, rayonnante:

—Ah! Comme nous serons heureux. Nous irons vivre en France, à Paris, tous les quatre, nous demeurerons toujours ensemble... Tiens, goûte mes lèvres, puis demain, un autre jour, tu goûteras, si tu le veux, celles de Livadia, parce que tu sais, Grégor peut aussi me choisir...

Je perdis patience:

—Vous êtes libres, et charmantes, c'est entendu, mais qui te fait croire que le coeur de Grégor soit libre...

Elle eut un rire perlé:

—Ah! Nous savons bien, Livadia et moi, que Grégor n'a jamais aimé. Cela, nous l'avons compris depuis longtemps.

—Et moi?

J'étais exaspéré.

—Ah, toi!

Elle me regarda avec une grande douceur:

—L'amour des hommes est aussi léger, aussi instable que le vol du papillon... Veux-tu ma bouche, mon baiser, pour t'en donner la preuve? Tu verras alors que quelle qu'ait été la femme que tu as pu aimer, tu l'oublieras... Les hommes n'ont jamais su aimer... Aimer comme une femme peut aimer. Jusqu'à la mort... jusqu'au-delà de la mort...

Pendant que Natalie et Livadia dansaient, flirtaient, acceptaient des hommages désuets et buvaient du champagne, Grégor vidait deux ou trois carafons de vodka... Il demeurait longtemps silencieux, immobile, pâle comme le marbre. Puis il s'animait enfin, au moment même où l'on devinait les premiers battements de l'aurore derrière les lourdes tentures de velours du cabaret. Alors il commençait de réciter un monologue, toujours le même, sauf quelques variantes, d'une voix sourde, blanche, anonyme, sans expression. Une voix qui semblait venir de nulle part.

—...Nous avons marché des mois et des mois sous le soleil, sous la pluie, dans la neige, à travers la steppe et parmi les montagnes, jusqu'à la Chine. Nous avons traversé le Turkménistan, l'Uzbegistan, le Tadjikistan, le Kagahstan, la Kirghizie, la Mongolie. Il y avait la profondeur épouvantable des forêts, la nudité glacée des hauts plateaux. Puis l'obsession monotone de la steppe interminable... Les Anciens avaient raison de croire que la terre n'est pas ronde... Il y avait parfois, aux points d'eaux, dans quelques baisseurs, des petits fourrés de hêtres rachitiques, de bouleaux nains, de sapins rabougris. Nous mâchions des écorces, des feuilles. Nous creusions la neige et nous fouillions le sol avec nos couteaux de chasse pour y dénicher quelques racines gelées. Nous attrapions parfois des lièvres au moyen de collets faits de nos lacets de bottes. Nous en buvions le sang, tout de suite. Et tout de suite, nous étions ivres de ce sang comme du plus violent alcool, et nous nous mettions à chanter...

Grégor continuait de boire. Il ne regardait personne. Il plongeait dans ses souvenirs comme on plonge dans la mer, les yeux clos. Il regrettait sans doute l'époque où il avait été cet homme qui luttait à chaque instant contre les périls de la nature, les tentations du désespoir, les pièges de la mort, alors qu'il n'était plus aujourd'hui que l'homme attendant dans un cabaret cosmopolite de Constantinople l'éclatante délivrance du jour.

—...Il y avait des matins où tout était si dépouillé, si éblouissant, que l'on se fût cru aux origines du monde. D'un monde de vide et de cristal... Serge portait la main à son visage, me regardait, disait: «Comme nous sommes laids, nom de D..., comme nous sommes ignobles! Tout cela devrait nous vomir...» Je regardais Serge, ses yeux brûlés, ses paupières gonflées, sans cils, aux coins pustuleux, sa barbe hirsute, sa peau pelée, rouge vin, de vieille ivrognesse, ses dents jaunes, ses gencives violettes, ulcéreuses, rongées de typhus — et quand nous étions blottis l'un contre l'autre, dans un trou de neige, je respirais son haleine fétide, — je regardais Serge et Serge me regardait et je savais que Serge me voyait comme s'il eut été devant une glace, qu'il avait horreur de son visage et de mon souffle, et je lui répondais: «Da... da... Tout devrait en effet nous vomir, Tout...» Cependant la nature ne nous repoussait pas. Nous rompions l'admirable harmonie de la steppe, nous brisions la pureté étincelante de la steppe et la steppe ne nous repoussait pas... comme les hommes nous avaient repoussés...

Alors la voix de Grégor reprenait son timbre normal. Il poursuivait:

—...La neige! Au fond, c'est ce qui me manque le plus, la neige... Pas la neige des montagnes, des sommets, mais la belle neige brillante des plaines, la neige indifférente et merveilleuse, la neige qui se confond avec l'horizon, qui est rose au matin et mauve au crépuscule et bleue par les nuits de lune et brillante comme tous les diamants sous le soleil de midi... Ah... Et puis cette neige de l'enfance! Cette neige d'avant le déluge! Je pouvais avoir, dans ces temps bénis, quatorze ou quinze ans. La guerre n'existait que dans les livres. Nous allions chasser le loup, mon père, mes frères et moi. La nuit. Les loups ne sortent que la nuit, en meute, féroces et froussards comme les hommes. Nous les poursuivions. Nos chevaux épouvantés battaient la neige dans des courses folles. Au matin, la neige était recouverte de grandes taches pourpres... La neige...

L'orchestre peu à peu se taisait. Le maître d'hôtel, qui avait repris son masque dur au départ des clients, donnait des ordres secs. Les garçons s'inclinaient devant les derniers pourboires. Nous étions bientôt seuls. Alors le premier violoniste, un tzigane chevelu aux yeux de braise, s'approchait de notre table et accompagnait en sourdine Livadia qui chantait à mi-voix une vieille mélodie russe.

VOYAGES[1]

Si vous allez flâner autour du monde, sans préoccupations trop particulières, sans but précis, et si vous n'êtes pas pressés, certains endroits vous attireront plus que d'autres, et pour quelles raisons, je n'en sais rien. Prenons Shanghaï, par exemple, allons-y faire un petit voyage. Shanghaï est une des villes les plus étonnantes de la terre. Ville de contrastes, d'excès, où se côtoient l'opulence la plus extrême et la plus extrême pauvreté.

Sans doute, non plus que Paris ne représente la France, ou Londres et New York ne représentent l'Angleterre et les Etats-Unis, Shanghaï ne représente la Chine. Son cosmopolitisme l'en défend: mais si l'on franchit les curieuses portes de fer grillées qui séparent la Concession française proprement dite, l'on tombe tout de suite au coeur même de ce moyen âge grouillant, tumultueux, sonore et coloré — et à très fortes odeurs — que l'on retrouve partout dans les villes de l'intérieur de la Chine. Et pourtant, Shanghaï atteint à peine l'âge de cent ans. Dans le milieu du siècle dernier, il n'y avait là, sur les rives boueuses du Wam-Pow, qu'une misérable agglomération de paillotes d'argile.

Aujourd'hui, par sa population, Shanghaï est devenue la cinquième ville du monde. Shanghaï, le jour, est une gigantesque Cosmopolis. Et les metteurs en scène de Hollywood, malgré leur imagination, n'ont jamais, même approximativement, pu en fournir des images qui réussissent à cerner sa réalité. Shanghaï s'agite de l'aube au crépuscule, comme une fourmi-

---

1. Article paru dans *Huit conférences*, Montréal.

lière en proie à la folie. Vingt-cinq mille coolies dévorent ses rues et ses avenues en trottant, tirant leur pousse-pousse, avec l'agilité et la ruse des joueurs de hockey canadiens. Ils ne paraissent jamais las, conduisent chaque jour vers leurs affaires, leurs rendez-vous, leurs plaisirs près d'un million de clients. La vie d'un coolie-pousse en activité dure environ cinq ans. Il meurt ensuite, les poumons brûlés et dévastés.

Shanghaï est le carrefour du sang! Le point de rencontre de tous les sangs connus. Et les théoriciens qui tiennent au concept de la race pure s'y trouveraient fort occupés s'ils désiraient en sonder les cloisons. Car on y frôle tous les sangs de la terre. Et surtout leur mélange. Cette formidable tour de Babel ne reconnait qu'un seul dieu, le *Veau d'Or*. Les grands-prêtres de ce culte sont les banquiers, les courtiers, les agents de change, les prêteurs d'argent, les généraux en service, ou retraités, les politiciens bien apparentes et point trop démunis d'astuce et de moyens de trahison, les «compradores», qui sont généralement des Chinois éduqués dans de grandes universités américaines ou européennes, et qui servent d'intermédiaires entre les magnats de l'industrie chinoise et la haute finance internationale. Un innombrable peuple vit des miettes tombées de ces tables somptueuses. Mais ce menu fretin ne compte pas. Ce milieu des grandes affaires, dirigé par les grands-prêtres, n'est point de tout repos. Car, sous le couvert d'innocentes transactions comme celles de l'achat ou de la vente d'une récolte de riz, ou la concession de quelques droits ferroviaires, il s'y mêle le plus souvent de sombres marchés, très fructueux d'ailleurs, concernant la livraison d'armes à quelque maréchal rebelle, ou l'acquisition de centaines de kilos d'opium. La Bourse locale est donc extrêmement nerveuse. Il arrive que le maréchal se rallie soudain à son ennemi de la veille, que la drogue soit «blanchie», qu'il y ait eu, pour le transport des armes, des douaniers zélés. La surprise de notre siècle, c'est que l'on peut trouver des gens qui aient encore le goût de l'honnêteté.

Si Shanghaï, dans le monde asiatique, détient, non sans orgueil, la première place comme capitale de l'Or, cela est dû à sa situation géographique. Shanghaï, grand port libre, fait partie de l'immense delta du fleuve Yang-Tsé, et ce gigantesque fleuve, qui arrose, des marches tibétaines à la côte océane, cinq ou six des plus riches provinces de la Chine, draine et charrie toutes leurs richesses vers Babel.

Shanghaï le jour, de l'aube au crépuscule, convertit en or le riz, la houille, le pétrole, le fer, la soie, l'ivoire, la drogue, les armes, la trahison.

Shanghaï, la nuit, convertit cet or en fumées, en vices, en plaisirs, dans une sorte de fête insensée que nulle Sodome, nulle Babylone, nulle Capoue n'ont connue. Le Broadway de New York, à minuit, n'est qu'une petite réjouissance de village si on le compare à Nanking Road de Shanghaï. Tout est lumières, cris, intense agitation, richesses et dépenses inouïes, luxe fantastique. Il y a le Canidrome, où des milliers de personnes perdent et gagnent des fortunes toutes les heures. Il y a l'Auditorium, où des joueurs parient, à chaque moment de la nuit, des centaines de milliers de dollars. Il y a un gratte-ciel, la Maison du Monde, où l'on donne du théâtre chinois, malais, hindou, où l'on trouve des restaurants, des dancings, des marchands d'ivoire, des cabinets particuliers, des fumeries d'opium, où l'on offre des fillettes de douze ans en mariage très peu orthodoxe, pour dix dollars.

Shanghaï, la nuit, reçoit. Le millionnaire, le touriste, le voyageur et le matelot. Une boîte de nuit, Nanking Road, sert un souper qui coûte cent dollars par couvert. Ce cabaret ne chôme jamais. Les plus belles Russes de Sibérie, les plus belles Chinoises de Soochow, les plus belles Juives de Singapour y soupent avec des maréchaux chinois et des courtiers argentins. Babel dégorge son or.

Par contre, à l'autre extrémité de la ville, vers les quais, vers le port, il y a le «Rabbit», le «Venus», l' «Eden», le «Trocadoro», où pour un demi-dollar, un homme sans trop de scrupules, qui ne craint point trop les femmes d'extrême petite vertu, et les bagarres inévitables de l'aube marquées de coups de revolver et de lames de couteaux, cet homme peut y flâner toute la nuit.

* * *

Après Shanghaï, Pékin est une ville incomparable, que l'on peut difficilement assimiler aux autres grandes capitales du monde. Elle est unique, et même en Chine, où rien ne lui ressemble, Shanghaï et Pékin, par exemple, sont des villes aussi différentes que peut l'être Stockholm de Mexico.

Le rythme de vie de Pékin, ses jardins étonnants, ses larges avenues bordées d'acacias, de peupliers, ses lacs dormeurs peuplés d'immenses feuilles de nénuphars, ses fabuleuses pagodes de marbres aux toitures de laques et d'or, son quartier des Ambassades, ses «*htungs*», c'est-à-dire ces centaines de ruelles hautes en couleurs, malodorantes et pittoresques, donnent à Pékin un visage d'exception.

Le Pékinois, de race mongole et mandchoue — ce dernier sang prédomine — représente un fort beau type humain. De haute taille, large d'épaules, le teint mat, les yeux à peine bridés, il s'exprime avec lenteur et pertinence, et ses manières sont pleines de grâce et de courtoisie. Chez lui, aucun signe de cette agitation, de cette extrême nervosité qui caractérise le Chinois du Sud.

La Pékinoise est mince, longue, racée, réservée, souriante et douce. Elle s'habille à ravir. Sa longue tunique de soie brodée d'or et d'argent, au col fermé, accentue davantage le bel élancement de son corps et son apparente fragilité, et ses larges pantalons flottants rendent encore plus exigu — suprême coquetterie chinoise — son pied minuscule.

On a souvent dit de Pékin, comme de Bruges en Belgique, qu'elle était une ville morte. Elle compte pourtant près de trois millions d'habitants, et à la fin du siècle dernier, par le nombre de sa population, elle damait le pion à Londres, Paris et New York. Pékin, durant trois siècles, a été la plus grande ville du *Monde*.

Maintenant — il ne faut pas oublier que je parle des années 1933 et 1934 — négligée par les grands marchés mondiaux, la ville impériale s'est repliée sur elle-même, ce qui n'empêche pas sa vie intérieure, et l'activité qu'elle déploie, sous des apparences nonchalantes, d'être considérable. Sans doute, moins de cris, moins de courtiers, moins de «*compradores*» qu'à Shanghaï ou à Singapour. Mais aussi beaucoup plus de traditions, de dignité, d'apparat dans les diverses manifestations de l'existence familiale ou sociale, célébrations de naissances, de mariages, sépultures, glorifications d'ancêtres, fêtes rituelles. J'étais descendu à l'*Hôtel de Pékin*. De façade médiocre, et je dirai franchement laide, posé sur le boulevard comme un immense pain de sucre vieilli et moisissant, il est sans conteste, avec le «Raffles» de Singapour, l'«Impérial» de Tokyo, et le «Kathay» de Shanghaï, l'Hôtel d'Asie qui offre le plus de confort. J'ai une large véranda grillagée, donnant sur les jardins fleuris d'iris et de lauriers-roses, une antichambre, un petit salon, une chambre à coucher, un cabinet de toilette dont la baignoire très haute sur pattes — il y a un escabeau de quatre marches pour y accéder — est vaste comme une petite piscine. On pourrait presque y nager. Tout cela, pour le prix actuel en 1953, d'une chambre modeste dans les bons hôtels de Montréal ou de Québec. Le hall immense de l'hôtel, dont les murs sont recouverts de lourdes tapisseries pourpres, compose une sorte de musée extrême-oriental où l'on trouve des tentures du Setchouan, des colliers de jade, des bagues ornées de rubis, des bracelets de pierres d'améthyste, des ivoires ciselés avec cet art extraordinairement minutieux que portait à ses gardes de poignards, de dagues ou d'épée le grand artiste florentin Benvenuto Cellini.

Le toit de l'hôtel, le «roof», comme disent les Français de l'Ambassade qui adorent, ainsi que tous les Français voyageurs, émailler leur vocabulaire des mots d'une langue étrangère, le «roof» est un petit chef-d'oeuvre artificiel de beauté et de civilisation. On en a fait une sorte de jardin babylonien garni de palmiers, d'aloès, de plantes tropicales et rares, où l'on dîne le soir en smoking blanc et cravate noire. C'est le rendez-vous le plus chic de Pékin. Mais le toit de l'hôtel n'a pas que cet attrait particulièrement destiné au délassement des gens du monde. Au surplus, et ce qui compte davantage, de cette terrasse, par les crépuscules dorés, par les nuits claires et bleues, on peut contempler tout Pékin comme on peut apercevoir du deuxième palier de la tour Eiffel, toute la topographie de Paris.

Et comment parler, sans les trahir, de la Ville Impériale, de la Ville Interdite, de la Ville de Pourpre, des Jardins d'Eté, de cette prodigieuse allée bordée de pins luisants et noirs conduisant, par des escaliers où se tordent des dragons couchés, figés dans le marbre, au Palais du Fils du Ciel. J'emprunte ici à un écrivain français, Henry Casseville, amoureux de Pékin, où il a longtemps vécu, ces quelques lignes: «C'est l'Empereur Ming Yung Lo qui, au début du quinzième siècle, abandonnant Nankin, condamnée à n'être qu'une capitale éphémère, fit bâtir, sur l'emplacement fixé par Koubilaï, la Ville Interdite telle qu'elle se présente à peu près à nous actuellement. Oeuvre d'une splendeur qui *fait paraître Versailles une petite chose...* Nulle part ailleurs que dans ce palais impérial, sauf peut-être au Temple du Ciel, n'apparaît aussi nettement le caractère surhumain que devait avoir, aux yeux de son peuple, le Fils du Ciel. Entre ces murs couleur de sang, dominés par ces toits innombrables aux ors étincelants, parmi les tours et les terrasses de marbre que franchissent les ponts et les escaliers sculptés, vivait un être, chef du quart de l'Asie... Cette ville était digne d'un Dieu, et seul le Fils du Ciel pouvait sans crainte franchir les portes de marbre, entre les colonnes que surmontent les lions, emblèmes de la *puissance.* »

Ma bonne étoile, qui me protégeait à cette époque, m'avait fait rencontrer à l'Ambassade anglaise, une jeune femme Mandchoue, dont les parents avaient vécu à la Cour de l'étonnante impératrice Tseu-Shzi. Elle parlait le français de la Touraine et l'anglais d'Oxford. Elle pouvait avoir trente, trentecinq ans, veuve d'un diplomate chinois. Je la revis à deux ou trois reprises dans le quartier des Ambassades, car il n'y avait pas de jour où il n'y eut thés, garden-parties, dîners, réceptions, etc. Elle était charmante. Et comme elle devinait que j'aimais Pékin — j'avais écrit un poème très exalté sur Pékin dans l'hebdomadaire français de la Ville — mais que je l'aimais d'un amour tâtonnant et maladroit, elle s'offrit de me servir de guide. Elle me fut le guide le plus précieux, le plus averti que j'aie jamais eu. Elle me fit d'abord visiter la Capitale proprement dite. Puis, elle m'invita chez elle. Elle habitait son «yamen», à trois ou quatre kilomètres de Pékin, cerclé de murailles, composé de quinze ou vingt pavillons, parmi des jardins semés d'étangs où des poissons énormes et rouges nageaient parmi les fleurs de lotus.

Après les grandes randonnées de la Cité Impériale, elle me fit parcourir les «hutings», ces rues poussiéreuses et malodorantes dont les noms sont les plus poétiques du monde, et que je n'hésite pas, au risque de vous lasser, car les nomenclatures sont ennuyeuses, de vous citer: «Rues des Poissons d'Or, de la Pluie-Bienfaisante, de la Retraite-Ombreuse, du Marché-Parfumé, des Dix-mille-Lumières, du Grand-Bonheur, de l'Eau-Douce, de l'Etoile-Bleue».

Pour rejoindre les «Hutings», nous devions passer par ce quartier que les Pékinois nomment par un euphémisme distingué, la «Petite Ville des Plaisirs». Je regardais ma compagne du coin de l'oeil, elle souriait. Elle me considérait comme son petit-fils. Nous devions avoir à peu près le même âge. Elle me conduisit dans ces étranges maisons à «musique» où j'ai pu ressentir, comme à Vienne ou à Budapest, cette nostalgie sourde, inexprimable, qui nous vient des violons tziganes. A Pékin, les notes grêles des guitares, des cythares, scandées par de petits gongs attentifs et précis, me procuraient la même mélancolie.

Nous allâmes à cheval visiter la Cité des Tombeaux des Ming, ville de marbre et de morts, nette et propre comme une petite ville de la Nouvelle-Angleterre, et quand nous revenions, nous croisions les caravanes de chameaux pelés, marchant avec une lenteur à la fois cocasse et majestueuse, qui arrivaient de Kalgan, de Gobi.

Nous allâmes contempler le Temple du Ciel. Dix fois. Vingt fois. C'est la plus belle chose architecturale que le génie de l'homme ait jamais accomplie.

Mais déjà, les troupes japonaises allaient occuper la Ville. Pacifiquement. Elles patrouillaient, disait-on, pour le bien des Pékinois. Et Moscou a remplacé Tokyo.

POÉSIE

1. Ô TOURMENTS...

Ô tourments plus forts de n'être qu'une seule apparence
Angoisse des fuyantes créations
Prière du désert humilié
Les tempêtes battent en vain vos nuques bleues
Vous possédez l'éternelle dureté des rocs
Et les adorables épées du silence ont en vain défié vos
    feux noirs

Tourments   sourdes sentinelles
Ô vous soûtes gorgées de désirs d'étoiles

---

1. Poésies extraites de *Poèmes. Les Îles de la nuit.*
L'Hexagone, 1963, 252p.

Vos bras d'hier pleins des bras d'aujourd'hui
Ont fait en vain les gestes nécessaires
Vos bras parmi ces éventails de cristal
Vos yeux couchés sur la terre
Et vos doigts tièdes sur nos poitrines aveugles
N'ont créé pour notre solitude qu'une solitude d'acier

Je sais   je sais   ne le répétez pas
Vous avez perdu ce dur front de clarté
Vous avez oublié ces frais cheveux du matin
Et parce que chaque jour ne chante plus son passage
Vous avez cru l'heure immobile et la détresse éteinte
Vous avez pensé qu'une route neuve vous attendait

Ô vous   pourquoi creuser cette fosse mortelle
Pourquoi pleurer sous les épaules des astres
Pourquoi crier votre nuit déchaînée
Pourquoi vos mains de faible assassin
Bientôt l'ombre nous rejoindra sous ses paupières faciles
Et nous serons comme des tombes sous la grâce des jardins

Non   non   je sais votre aventure
Je sais cet élan retrouvant le ciel du mât
Je sais ce corps dépouillé et ces larmes de songe
Je sais l'argile du marbre et la poussière du bronze
Je sais vos sourires de miroirs
Ces genoux usés que ronge la ténèbre
Et ce frisson des reins inaccessible

Pourquoi le mur de pierre   dites-moi
Pourquoi ce bloc scellé d'amitié
Pourquoi ce baiser de lèvres rouges
Pourquoi ce fiel et ce poison
Les minutes du temps me marquent plus que vos trahisons

Ô navires de hauts-bords avec ce sillage de craie
Vos voiles déployées votre haine se gonfle
Pourquoi creuser ces houles comme une tranchée de sang
Pourquoi ces hommes penchés sur la mer comme aux
    fontaines de soif
Si les morts de la veille refusent de ressusciter

8. PRIS ET PROTÉGÉ...

Pris et protégé et condamné par la mer
Je flotte au creux des houles
Les colonnes du ciel pressent mes épaules
Mes yeux fermés refusent l'archange bleu
Les poids des profondeurs frissonnent sous moi
Je suis seul et nu
Je suis seul et sel
Je flotte à la dérive sur la mer
J'entends l'aspiration géante des dieux noyés
J'écoute les derniers silences
Au-delà des horizons morts

9. LES JOURS...

Les jours avec une grande douceur
Glissant dans l'air et sur l'eau
Nouant les chaînes d'oubli
Tissent la tunique de l'absence

Les chansons qu'ils chantaient
Retrouvant l'enfance
Et les matins perdus
Se sont évanouies
Dans les régions foudroyées
Des premiers silences

Ah   jours d'ange sournois
Dans quelle musique fatale
Avec votre patience de meurtrier
Versez-vous l'invisible poison
Au cœur le plus fidèle
Qui se réveille assassiné
Devant un trésor recommencé

10. LES LOIS ÉTERNELLES...

Les lois éternelles
Galopaient comme des chevaux fous
Les nuits tombaient l'une sur l'autre
Nous avions les yeux brûlés

Ô creux d'épaules mortel

Déjà la houle de la mer nous envahissait
Déjà les étoiles véhémentes criaient leur adieu
Ô nos mains liées pour un parcours indéfini
Sur le doux rivage de ton visage

14. LES GLAÏEULS...

Les glaïeuls blessaient le bleu
Le souvenir des jardins cernait les remords
Et des hommes penchaient leurs épaules

Il y avait quelque part sur une île
Des pas d'ombre et de paons

Avec un léger bruit elle venait
Elle venait dans un silence d'absence

C'était l'heure des mondes inanimés
Les astres tous se taisaient

Le soleil était fermé

15. AVEC TA ROBE...

Avec ta robe sur le rocher comme une aile blanche
Des gouttes au creux de ta main comme une blessure
    fraîche
Et toi riant la tête renversée comme un enfant seul

Avec tes pieds faibles et nus sur la dure force du rocher
Et tes bras qui t'entourent d'éclairs nonchalants
Et ton genou rond comme l'île de mon enfance

Avec tes jeunes seins qu'un chant muet soulève pour une
    vaine allégresse
Et les courbes de ton corps plongeant toutes vers ton frêle
    secret
Et ce pur mystère que ton sang guette pour des nuits
    futures

Ô toi pareille à un rêve déjà perdu
Ô toi pareille à une fiancée déjà morte
Ô toi mortel instant de l'éternel fleuve

Laisse-moi seulement fermer mes yeux
Laisse-moi seulement poser les paumes de mes mains sur
    mes paupières
Laisse-moi ne plus te voir

Pour ne pas voir dans l'épaisseur des ombres
Lentement s'entr'ouvrir et tourner
Les lourdes portes de l'oubli

17. CE CIEL VERT D'ÉTOILES . . .

Ce ciel vert d'étoiles
Cette nuit refoulant l'épaisseur de l'ombre
Jusqu'aux larmes de l'aube
Déjà la silhouette des hommes
Avec aux épaules les péchés de la nuit
Glace le brouillard

L'usure recommence le monde

Nous recommence mon cher amour
Refaisant l'orgueil de nos fronts
Refaisant le jet vertical de nos corps
Cherchant la voie du futur mensonge
Dans l'innocence de la joie
Dans la ferveur des sanctuaires
Que nos mains jointes ont créés
Avec cet espoir têtu

Des plantes enracinées
Voulant rejoindre le ciel

La faiblesse démasquée
De nos pieds nus sur le sable
Nous cerne jusqu'aux aisselles
Ces baisers creusant nos chairs
N'ont pu assouvir la soif
De nos bouches insensées

Ô Bonheur enseveli
Inaccessible Absolu
Vertiges d'assomption
Et pourtant   pourtant   je vous ai connus
Quand je tremblais d'allégresse
Dans l'éclair insoupçonnable de la nuit ravagée

19. CES MURS PROTECTEURS...

Ces murs protecteurs
et ce plafond fraternel
et ces trous d'ombre et cette grande ombre
et ce plancher de fer

et moi sous mes seuls cheveux

Quand par la fenêtre déjà cette aube hypocrite et généreuse
quand dans le ciel cette mortelle incohérence et cet espoir
    sacré
et cette éblouissante création
et moi   moi   mes morts dans mon dos et leurs doigts
    lourds
et ce nombre fatal
et leur bruit dans mon silence
et leur effrayant silence dans mon désert

Et moi cherchant la clarté comme un homme de faim
moi   cherchant parmi la chevelure des larmes mon propre
    jour

moi   criant mes cris glacés dans ce vide inhumain
et moi ne trouvant dans mes cris que la nuit décédée

et ce grand rire de pierre inattaquable

20. NOS SONGES JADIS . . .

Nos songes jadis en débâcle devant cette porte de fer
      fermée
Ô Mort
Ô Danse de fleur glacée
Ô Belle dormant de cette paupière
      guettant chaque parcelle de nos mains
      guettant la ville inconnue de nos tempes
      guettant les pas confus de nos profils d'ombre
      guettant le dernier geste de supplication

Ô Mort   musique monacale de signes condamnés
Nos songes enfin ne nous auront pas menti
Les chaînes d'antan ont porté plus haut le vol de l'archange
      déchiré
Ô Mort   pour nous jusqu'à ton ombre même est morte en
      chemin
Nous t'avons tuée avec la pourpre même de notre cœur
Ah   tu ne nous atteindras jamais plus

Mais toi   ô toi   viens   hâtons-nous
Courons   volons
Replie en pointe de flèche tes longs cheveux d'étincelles
Ah   jetons du lest   fuyons
Tes doigts pour la caresse qu'ils ensanglantent mon flanc nu
Arrachons de l'orbite nos prunelles d'aveugles
Ah   qu'une foudre supérieure nous avertisse au creux de
      l'arche suprême

Car l'heure parfaite n'est pas dans le temps assez reculée
Car le plus secret des astres n'est pas dans l'espace assez
      lointain
Pour que morte la Mort et morte son ombre
Elle ne puisse nous saisir

21. DEVANT CES BÛCHERS FRATERNELS...

Devant ces bûchers fraternels
Malgré les cendres inutiles
Et malgré cette fuite d'ailes
Malgré la morte odeur des villes

S'est dressé le seul Arbre d'Or
Avec ses bras verts de prophète
Le miel envahit jusqu'aux bords
Le toit nocturne des tempêtes

Ô Soleil plein d'appels lointains
Dans le silence cette terre
Creuse le cristal de nos mains
Sous la musique des paupières

Sous l'ombre même de ton œil
Ô Bien-Aimée   ô lac d'étoiles
L'Arbre d'Or créant notre deuil
Nous livre au ciel puissant qu'il voile

Voici le miracle du jour
Voici la ferveur de l'ivresse
Voici le lieu sans retour
Pour qu'enfin l'éternité naisse

22. QUE LA NUIT SOIT PARFAITE...

Que la nuit soit parfaite si nous en sommes dignes
Nulle pierre blanche ne nous indiquait la route
Où les faiblesses vaincues achevaient de mourir

Nous allions plus loin que les plus lointains horizons
Avec nos épaules et nos mains
Et cet élan pareil
Aux étincelles des insondables voûtes
Et cette faim de durer

Et cette soif de souffrir
Nous étouffant au cou
Comme mille pendaisons

Nous avons partagé nos ombres
Plus que nos lumières
Nous nous sommes montrés
Plus glorieux de nos blessures
Que des victoires éparses
Et des matins heureux

Et nous avons construit mur à mur
La noire enceinte de nos solitudes
Et ces chaînes de fer rivées à nos chevilles
Forgées du métal le plus dur

Que parfaite soit la nuit où nous nous enfonçons
Nous avons détruit tout bonheur et toute tendresse
Et nos cris désormais
N'auront plus que le tremblant écho
Des poussières perdues
Aux gouffres des néants

23.   CE FEU QUI BRÛLE ...

Ce feu qui brûle d'en haut
Crachant sa flamme pour une plus pure destruction
Cette joie de mort sans égale
    malgré les seules couleurs de l'homme
      des rocs
Ces fleuves débordant de volcans en sursaut
Ces typhons tournoyant avec une vitesse foudroyante
    et toi   toi   ô mer éternelle et puissante et pure
      balayant les rivages souillés

Et ces astres fixés dans l'épouvante des nuits sidérales
Et ces vents surgissant des pôles pour des courses mortelle-
    ment échevelées

Et ces visages baignés de sang sous les sourires
Ô vie fatale et glacée comme le cristal
Pourquoi   POURQUOI

Nos mains tremblantes rassemblent leurs doigts
Pour ces enfances évanouies derrière les anneaux magiques
    des fontaines
Pour ces désespoirs rongeant comme un vigilant cancer nos
    cœurs désertés
Pour ces souvenirs criant dans les brouillards sans écho
Pour cette indifférence minérale des mille larmes oubliées
Pour ces espaces de l'ombre conduisant vers la solitude des
    néants
Ah   nos faibles doigts se pressent frénétiquement
Tentant de rejoindre le bout du monde des rêves
Tentant d'appareiller les caravelles vers les îles miraculeuses
Tentant de recréer les royaumes enchantés des pâleurs de
    l'aube
Tentant de ressusciter les fantômes des cathédrales défuntes
Tentant d'élever dans le plus profond silence l'Arche de
    douceur

Ah   si nos faibles doigts
Parmi ces cyclones de malheur
Parmi ces enfers déchaînés et ces astres perdus
Parmi cette ombre suspendue aux profondeurs de la mer
Cherchent avec une véritable humilité
Des tendresses pareilles à des lampes voilées

Ah   si des poids invisibles nous paralysent comme des
    tombes de plomb
Pourquoi ces serpents du silence
Pourquoi ces sources de granit impénétrable

En vain nos tendres doigts suppliant
En vain la neige de tes doigts comme un doux végétal
En vain l'innocence de nos bras repliés sur l'oubli
En vain la brûlure du regard comme le soleil sur le fleuve
En vain ces musiques de lune comme des fraîcheurs de
    fleurs

140

En vain ce grand songe étrange de tes deux mains résignées
En vain le tertre vert autour de l'arbre unique
Seul ton mensonge m'enfonce dans ma nuit

27.   QUE SURTOUT MES MAINS . . .

Que surtout mes mains effacent
Le contour des grâces enchantées
Qu'elles oublient les fabuleux trésors des cavernes
Qu'elles repoussent les outils du pardon
Qu'elles ne s'agitent plus pour une vaine fraîcheur
Qu'elles se refusent aux signes des abandons

Ô surtout qu'elles soient sourdes devant les orgues du
    souvenir
Ô surtout qu'elles soient muettes devant le cri de la dernière
    heure
Ô surtout et sans bruit et comme l'eau dans le sable qu'elles
    s'enfoncent au cœur des émerveillements de l'oubli
Ô surtout qu'elles étranglent doucement les derniers
    chevreaux du désir
Ces phares marqués par la nuit qu'elles les détruisent avec
    des tendresses de jeune faon
Ô surtout qu'elles se détournent sans faiblir des gravitations
    de ton monde
Et la caresse de tes astres qu'elles n'en souffrent plus les
    tortures

Vous   lèvres absentes
Je vous ai trop vu trembler dans d'adorables mensonges
J'ai trop cerné le domaine de votre gel
J'ai trop pleuré pour vous

Il faut surtout ne rien recommencer
Ma tristesse te poursuit
Que ma solitude te soit vulnérable
Que tu sois moins que moi misérable
Mes paroles ne te portent pas ma haine

Imaginant la surprenante clémence
Je ne sanglotais qu'à petits genoux
Parmi mon désespoir je croyais encore à l'espérance

Ô surtout laisse nos mains partager le dernier pain
Laisse à nos doigts leur innocence d'enfant
C'est mon dernier mot tentant de te rejoindre
Je n'importe plus
Les yeux droits je descends lentement dans la vallée des
    tombeaux
L'ombre de la nuit déjà m'envahit
Je te porte cette dernière prière
Et tu ne l'entendras pas parce que tu es trop loin de la
    révolte des cimetières
Mais pour te revoir un jour un mort se dressera soudain
    devant toi
Et ton visage se couvrira de honte

Les anneaux géants des cyclones
S'enroulaient dévastant le vert des profondeurs
Tirant en spirales
Les aurores descellées du ciel

Voici le désastre mortellement parfait
Voici le chaos désespéré du miracle
Voici l'île unique et démesurée
Voici le fabuleux feu

Voici l'univers de mes mains et je tue l'univers
Voici les yeux de ma face et je tue mon regard
Voici mon mensonge
Que je ronge
Avec des dents de diamants
Voici Dieu et je tue le chant insoutenable de mon épouvante
    et sa lumière et sa ténèbre révélatrice
Et voici le cercle inviolable de mon être
Et mes genoux ne s'enfoncent jamais assez profondément
    dans la terre
Pour célébrer ce veuf inoublié

Cette clameur de la marée montante
Et ce sang même coulant des mille blessures d'un poignard
  jamais satisfait

Je veux la vie même de mon songe
Je veux crier mon dernier cri dans ton sang
Ce sang d'une chaleur et d'une glace inaccessibles

3. LIBÉRATION

Chacun sans issue
Très bien muré
Dans son cachot dévorant
Le temps glisse à reculons
Mon fer m'a forgé

Nuls maillons de chaînes
Ne peuvent me retenir
Je suis plus dur
Que tout l'acier du monde
Je ne veux plus rien entendre

Je connais ces mots
Gonflés comme des fruits mûrs
Ah dans le brouillard
Ces îles fantômales
Je refuse leur murmure

---

2. Poésies extraites de *Poèmes. Rivages de l'homme.* Montréal, L'Hexagone, 1963, 252p.

Je refuse l'émouvante évasion
D'une aube libératrice
Avec le ciel de ses étoiles
Leurs troupes de fraîcheur
Dispensant les délices

Je refuse l'empreinte
De son pas sur la plage
Le sable léger
Marquant le signe encore
Aux cadrans solennels

Îles frontées de rubis
Îles belles perdues
Ô lumineux sarcophages
Vos purs doigts repliés
Me trouvent insaisissable

Les grands vertiges de la mer
Soufflaient les souffles incantatoires
Quels éblouissants coquillages
Pour faire oublier la noyade
De ce qui restait de nos morts

Nous aurions pu tenter alors
La calme angoisse de la nuit
Le cristal de la solitude
L'innocence de l'immobilité
Le secret refuge des miroirs noirs

La dévastation de l'univers
Soudain sur nous répandue
La sourde confession
Des mornes mélancolies
Glissaient au bleu des ravisseurs

Plus loin que l'apparat des mondes
Au-delà des abîmes prématurés
Au-delà des tendres prairies vertes
Au-delà du plus sûr piège
De l'instant du jeu brisé

Les prédestinations défendues
La voix de l'espoir avec appel
Un sang rouge comme apprivoisé
Un fallacieux destin de bonheur
Les liens de la mer et de la joie

Cette prison mortelle
Ô Belle aux yeux morts
Je tente en veillant
De libérer ta mort
De libérer ma mort

5. POÈME

Son pas trop lent
Sur le tendre cristal
D'une mer belle
Comme un silence de fées

Ces battements d'ailes
D'oiseaux perdus
Ô regards révolus
Ô premiers rendez-vous

Le doux métal
De son aisselle
Je tue son souffle
Je tue son cœur

L'accès m'est interdit
Des fontaines jaillissantes
Mes bras sur son corps repliés
Ne sont plus que des feuillages morts

Suis-je devenu ce tigre vieilli
Qui étouffe sa proie
Qui ne la mord pas
Jusqu'à la fin du sang

Les portes des cathédrales
Très hautes très ogivales
Glissent le long du songe
À la hauteur de l'aube

8. DEMAIN SEULEMENT

Long murmure étonnant ô pluie
Ô solitude
Ô faiblesse des doigts
Tremblants de désarroi
Chemins irréductibles
Mobilité de l'eau
Ma vie m'échappe
Ma vie nourrit
Autour de moi
Dix mille vies
Ô beaux soirs d'or

Il y aura demain mon éternelle nuit
La dure et seule nudité de mes os
Ma surdité mes yeux aveugles
Les îles de mes archipels
Seront profondément englouties

L'aube immense
M'enveloppe comme la mer
Le corps du plongeur

Cruelle et dangereuse sécurité
Je suis comme tapi au flanc de ma mère
Dans la chaleur magique
D'avant la délivrance du jour

Ma mort je la repousse jusqu'à demain
Je la repousse et je la refuse et je la nie
Dans la plus haute clameur
Avec les grands gestes inutiles
De l'écroulement de mon monde

Car je n'ai pas encore épuisé
La merveille étonnante des heures
Je n'ai pas suffisamment pénétré
Le cœur terrible et pourpre
Des crépuscules interdits
Des musiques ignorées
Me sont encore défendues

Je n'ai pas encore entendu
Chaque rumeur grelottante
Des villes d'ombre de neige et de rêve
Je n'ai pas encore vu
Tous les visages changeants
Tous les visages fuyants
Tous les hommes bouleversés
Et ceux qui marchent à pas feutrés
Comme autour de chambres vides
Vers les carrefours de la terre

Je n'ai rien vu
Je n'ai rien goûté
Je n'ai rien souffert
Et soudain l'âge bondit sur moi comme une panthère noire

Mais je trouverai demain ces perles
Qu'elle apporte au creux rose
De sa main mouillée
Je trouverai ce diamant
De son sourire absent
L'étoile mauve de son sein
La nuit prolongée
Par l'ombre émouvante
De sa toison ténébreuse

Ah je naviguerai demain
Sur ces bateaux perdus
Larguant leurs voiles rouges
Pour des mers inconsidérées
Avec elle au bronze de mon bras droit
Avec elle comme le coffret des bijoux redoutables

Je vaincrai demain
La nuit et la pluie
Car la mort
N'est qu'une toute petite chose glacée
Qui n'a aucune sorte d'importance
Je lui tendrai demain
Mais demain seulement
Demain
Mes mains pleines
D'une extraordinaire douceur

10.   L'OMBRE DU SONGE

Perdu ce sourd secret
Perdue la dure étincelle
Du cristal éblouissant
Que je possédais
Que je portais
Comme un prêtre l'hostie
Avec les plus tremblantes précautions

Je sais ah je sais
L'auguste caprice
Du nombre fatal

Je sais le saint la foudre
Je vois l'élan le bondissement du fauve
L'inquiétude de l'ombre
Aux mirages du fleuve

Que rien ne m'émeuve
Tout est très inutile
Même le sourire de clarté
De ses deux bras ouverts

Je connais le mensonge
De tous ces matins
Pourquoi poursuivre le jeu
Quand tout nous égorge

Mais peut-être alors
Mon songe s'emparait-il
Du tendre reflet
De ses deux genoux ronds

Elle était belle et morte
J'enchantais mon désespoir
À l'aile mélancolique
Du grand parc évanoui

11. CHRYSALIDE

Détresse ô cloches
Ô tours bénies des hautes basiliques
Elle par l'espoir torturée
Vagues ô tumulte sacré

Pourtant ses yeux étaient remplis
Des belles merveilles pourpres
Étoiles saignant du cœur
Aux plages désertes de la mer

Ses belles mains innocentes
Repoussaient le doux vertige
De son tendre corps lisse
L'horizon se couvrait de voiles blanches

Elle voyait alors
Sous ses paupières fermées
Le triomphe insensé
Des grands archanges de neige

Elle entendait alors
Au léger seuil de son ombre
Le son de ce violon
Qui ne jouait que pour elle

15. L'AUBE ENSEVELIE

Plus bas encore mon amour taisons-nous
Ce fruit ouvert dans le soleil
Tes yeux comme l'haleine de l'aurore
Comme le sel des buissons révélateurs

Taisons-nous taisons-nous il y a quelque part
Un cœur qui pleure sur un cœur
Pour la dernière aventure
Pour le déchirement total

Taisons-nous rien ne peut recommencer
Il faut oublier les lampes les heures sacrées
Il faut oublier les faux feux du jour
Notre délice nous foudroie

Plus bas encore mon amour
Ah plus bas mon cher amour
Ces choses doivent être murmurées
Comme entre deux mourants

Bientôt nous ne voudrons plus distinguer
La frange des rides sur nos fronts
Ah regardons bondir les étoiles
Aux justes secrets de nos doigts

Regardons ce que refuse
L'or détruit du souvenir
La belle chambre insolite
Et ses bras d'éclairs sourds

Taisons-nous oublions tout
Noyons les mots magiques
Préparons nos tendres cendres
Pour le grand silence inexorable

16. POÈME

Roulant doucement sur les pointes de la nuit
Ces voix d'hier trop cruellement profondes
Et ces trop beaux visages détruits
Parmi les violons les plus charnels
Les valses lentes des draps froissés
Soudain soudain les jardins bleus de l'enfance

On pleure sa mère
Qui était une belle jeune femme rieuse
Il y avait les grands ormes ombreux de l'allée
Les parterres frais de dix heures
Et soudain ce silence parfait

Je parcourais alors les parcs nocturnes
Des hautes musiques secrètes
Je l'apercevais soudain
Elle était voilée d'un sourire de pleurs
Elle m'échappait dans l'odeur des lilas
Elle m'échappait par mille lys foudroyants
Ô belle pure danseuse innocente
Ses doigts comme la flamme du Bûcher

Je cherchais aux creux des atmosphères
Parmi mes caravelles naufragées
Parmi mes vieux noyés anonymes
Parmi la véhémence de mon désespoir
La frêle douceur
De son épaule berceuse de rêve

Je la cherchais je l'atteignais
J'allais la saisir elle disparaissait
Elle jouait dans l'ombre de son ombre
Mes chaînes tombaient d'elles-mêmes
Bruissant comme le sel dans la mer
Elle était éparse dans le jour dans la nuit
Elle était le soleil et la neige
Elle était la forêt elle était la montagne
Elle fuyait toujours au-delà

Partout ailleurs
Au delà de toutes les frontières vraisemblables
Parmi l'effrayante cosmographie des mondes

Je la cherchais encore au dernier feu
Du premier astre éteint
Je soulevais une à une
Les couches brûlées des millénaires
Je m'enfonçais au fond des âges
Les plus fatalement reculés
Je niais le temps j'assassinais le temps
Je violais avec véhémence
Les grands siècles futurs
Je confessais le péché sans rémission
Je me livrais au bourreau
Nu le cou déshonoré par la corde
Mais je voulais la rejoindre
Par elle je voulais rejoindre
Le secret éternel
Mais elle était insaisissable et présente
Mêlée pour toujours aux confusions gémissantes
D'un univers sans commencements

Ah les mers pourront battre longtemps
Leurs rivages désertés
Les vents balayer leurs plaines chauves
Les jours chercher leurs aubes
Ah la noire planète terre
Pourra rouler plus longtemps encore
Parmi les espaces des astres décédés

Mais peut-être aurais-je par elle possédé
Au delà des mémoires abolies
Au delà des temps révolus
L'immortel instant
Du silence de sa nuit

18. RIVAGES DE L'HOMME

Longues trop longues ténèbres voraces
Voûtes exagérément profondes
Ô cercles trop parfaits

Qu'une seule colonne
Nous soit enfin donnée
Qui ne jaillisse pas du miracle
Qui pour une seule fois
Surgisse de la sourde terre
De la mer et du ciel

Et de deux belles mains fortes
D'homme de fièvre trop franche
De son long voyage insolite
À travers l'incantation du temps

Parmi son pitoyable périple
Parmi les mirages de sa vie
Parmi les grottes prochaines de sa mort
Cette frêle colonne d'allégresse
Polie par des mains pures
Sans brûler de ses fautes
Sans retour sur le passé
Qu'elle lui soit enfin donnée

Les cris n'importent pas
Ni le secours du poing
Contre le rouet du deuil
Ni le regard angoissé
Des femmes trop tôt négligées
Nourrissant la revendication
D'un autre bonheur illusoire
Ô corps délivrés sans traces

Mais si pour une seule fois
Sans le fléchissement du geste
Sans les ruses pathétiques
Sans ce poison des routes
Depuis longtemps parcourues

Sans la glace des villes noires
Qui n'en finissent jamais plus
Sous la pluie le vent
Balayant les rivages de l'homme

Dans le ravage le naufrage de sa nuit
Dans ce trop vif battement de son artère
Dans la forêt de son éternité
Si pour une seule fois
S'élevait cette colonne libératrice
Comme un immense geyser de feu
Trouant notre nuit foudroyée

Nous exigerions cependant encore
Avec la plus véhémente maladresse
Avec nos bouches marquées d'anonymat
Le dur œil juste de Dieu

3. LE PRIX DU DON

Feuilles des peupliers
Hautement renversées
Sirène des transatlantiques
Sourire de la femme aimée
Je suis vivant
Je perçois cette lueur
Lueur vague de l'homme
À défaut de lumière

Et le feu et le feu
Je respire enfin
Et l'allégresse s'empare de moi
Je gîte aux faîtes des glaciers interdits.
Mais soudain soudain
Elle arrive elle vient
Elle m'arrache à mes déserts
Elle dénoue la corde de mon cou
Elle m'enveloppe de ses doux bras nus

---

3. Poésies extraites de *Poèmes. L'Étoile pourpre*. Montréal, L'Hexagone, 1963, 252p.

Nous tremblons comme dans l'amour
Comme jusqu'au fond des âges
Son flanc palpite comme la mer
Son gémissement retrouve l'odeur
Le balancement des marées souveraines
Les cris les cris
Et c'est alors la grande paix ténébreuse

Et c'est la longue théorie
Des rêves extravagants
La nudité comme un monastère violé
Ma joie glissant
Tout le long de ses membres nacrés
Et ces autres perles absurdes

Ah ces grandes expéditions
Les Himalayas les Rocheuses
Et toutes ces jungles obscures
Et le mensonge des altitudes

Il y a cependant
Le regard interrogateur
Descendant de l'arc funèbre de la nuit
Afin de retrouver le beau fruit du soleil
Il y a aussi la fête des lèvres
Les grands oublis d'autrefois
Il y a les visages
Des milliards de planètes
Et tous ces feux éblouissants
D'étoiles déjà mortes
Il y a le songe véhément
De la misère des hommes
Et le feu et le feu

Je respire
L'allégresse s'empare de moi
J'habite aux sommets
Des glaciers interdits
Que les jours viennent
Sans fracas sans bruit
Dans un doux soleil
Comme le cœur chaud

D'une belle femme amoureuse
Comme une procession d'archanges
Et l'aube fraîche
C'est le matin prochain
Tous les jours seront réunis

Ah belles feuilles mortes
Allées solitaires bois dépouillés
Les cœurs naufragés
Parfois remontent à la surface

4. TON SOMMEIL

Ton sommeil protège mon sommeil
Tes bras désertés ta lèvre stérile
Tissent l'horaire des millénaires

Aux remparts des villes assiégées
Les larmes ne suffisent plus
Les étoiles de nuit
Les mages et les sorciers
Les feux pourpres
Aux ventres des collines
S'éteindront à l'aube

Les fusils les épées
La balle dans la nuque
Les témoins fidèles
Au cortège de la défaite
Les frissons les soupçons
La vastitude de la mer

Ah beau Christ d'innocence
Tes Bras comme Ta Croix
Le jour se lève à peine
Sous la poussière des temps

8. BEAU DÉSIR ÉGARÉ

Beau désir égaré
Dans la tempête insensée
Tout sombrait corps et biens
Mes dents mordaient le feu
Je possédais soudain des mains de cent ans

Je cherche les portes du ciel
Le navire et le port
L'autre côté du soleil
Le silence incessant bruissant
Ce secret d'une chambre d'aurore
Tremblante encore
De l'odeur des lilas

Je m'exaltais devant les images
D'un amour prodigieusement illimité
Mon île sous moi lentement s'enfonçait
Quand j'allais ne plus la voir
Elle rebondissait vers moi

C'était un rond nuage
D'hirondelles bleues
Mes yeux se fermaient
Pour toutes les nuits
Et je voyais alors
Tout ce que je n'avais jamais vu

9. LE SONGE

J'ai dormi d'amour
Mon songe à sa lèvre
L'aube aux détours
Rejoint nos départs

La source jaillissante
Le feuillage qui frémit
La mer balancée
Ô noces inconsidérées

C'est le temple et son cri
Et la vertigineuse tour
Et les cloches de joie
Chantant les soleils

Flammes parfaites
Dans le secret des îles
La douceur envahit
L'ombre de son visage

Jour trop éphémère
À la proue du cœur
Ses mains de candeur
Tracent les signes

La coquille de son corps
Bat aux portes du ciel
Et je brûle de ton feu
Ô beau supplice retrouvé

11. LA PART DU FEU

Voici les longues houles de la mer
Voici le ciel troué de feux
Voici le cœur et le sang
Voici l'angoisse et la tendresse
Et moi dans ma nudité d'homme
Avec ce cœur qui bat comme le fauve
Trop longtemps poursuivi

Ce qui se passait du côté des étoiles m'échappait
Je n'étais pas devin comme les bergers de Provence
Je parcourais je hantais les couloirs ténébreux
Des villes impitoyables de granit

Et j'étais né pour l'arbre et le terreau
Pour les odeurs saisissantes des aubes
Pour le repos parmi les hautes herbes
Des bords des lacs pour y attendre avec ferveur
Les tout derniers battements de mon cœur

Ah il y avait longtemps déjà que l'herbe et l'étoile
Et le flanc blanc de cette femme bénie
Ne m'écartelaient plus
Le choix n'était plus le mien
Les jours et les nuits glissaient sur mon corps
Comme les larmes tièdes des fiancées abandonnées
Je rêvais à des tours vertigineuses
À des profondeurs abyssales
Rejoignant la forge pourpre
Du centre de la terre

Je pensais à des amours évanouies
À des bras blancs comme des éclairs
À ce doux tremblement charnel
De la terrible évasion
Les belles filles à la bouche rouge
Les vérités essentielles
La musique et les crépuscules
Tout ce qui séduit et qui noie
Le grand espace les espoirs forcés
Menottes aux poings et chevilles liées

Les fées dansant dans les clairières
Ah c'était le soir des cris et des violons
Le péché n'existait plus
Le désir était mort
Ma jeunesse aussi
Et mes villes assassinées
Florence aux yeux de pervenche
Shanghaï et ses bordellos démoniaques
Pékin mon amour
Québec où j'ai aimé
Montréal où j'ai souffert

Mes belles grandes villes détruites
Et ce petit village où je suis né
Loin du grand fleuve

Il est inutile de jeter de grands cris
Qui n'atteindront pas la femme qui vous a trahi
Tous les sourires sont les mêmes
Celui du Christ celui de Judas
Et qui n'a pas trompé n'est pas digne d'être né
La mer baigne tout mon horizon
La mer est illimitée

12. PETIT POÈME POUR DEMAIN

Le soleil se noie sans bruit
Aux brumes de la nuit
Et soudain l'absurde bonheur
Naît frais comme une étoile

Comme une belle étoile neuve
Perdue perdue dans le silence suspendu
Lançant ses feux en gerbes
À genoux dans le ciel des astres

Alors vient vient la tendre immobilité
Des ineffables bras
Les profanations sont écartées
L'étoile fulgure de bûchers incomparables

Et nous éblouit nous éblouit mon cher amour
Et ce bondissement de planètes folles
Projetant leur course dans les espaces illimités
Nous trouve prêts pour notre propre destin

Nulle condamnation ne peut rien contre nous
Toutes les fenêtres s'ouvrent
À l'air vif de la forêt de la mer
L'étoile a repoussé les maléfices diaboliques

L'ordre de la nature s'harmonise
Pour la suite des siècles
Pour la continuité des temps
Pour notre éternité mon cher amour

Pour l'éternité de nos cœurs mon cher amour
Il n'y aura plus ces rocs dénudés
Ces déserts inhumains
Ces morts vivants pétrifiés
Qui nous tendent agressivement la main
Marchant à grands pas
Vers leur néant fatal
Ô belle étoile la plus jeune
Tu nous prends tu nous enveloppes
De ta flamme la plus douce
Tu nous attires à toi
Nos yeux bientôt se voilent
Nos poumons bientôt ne respirent plus
Nos membres bientôt se roidissent
Comme pour la mort
Et cependant dans ton incandescence
Nous retrouverons enfin
La grande délivrance du Jour

13. JE SAVAIS

Je savais que tout était fini
Je le savais et je ne voulais pas le savoir
Car mon sang cependant coule encore
Source vive et pourpre
Je défie les dieux endormis
Mon astre m'endort d'or
Son soleil couvre mon visage

Je sais je sais la flamme m'environne
Les hasards d'une contrainte exercée
Me brûlent comme le bûcher

Et ces hautes montagnes perdues
Et ces armées de sable
Et ces chemins bleus de la mer
Tout brûle Tout flambe extraordinairement

L'Ombre même m'a trahi
Ces mots prodigieux de cristal
Me noient comme un front d'amour
Ma joie déchire les temps morts

Le ciel couleur d'homme nu plus tard
Ce monde capital surgi des horizons
Nos souvenirs comme un mal égaré
Nos pas comme des tours légères
Ce rauque cri
Aux grands fonds torrentiels des océans

Devant chaque feuille morte devant chaque crépuscule
Ce marbre tiède faiblesse de mes doigts
Ah je veille aux eaux sourdes des profondeurs
Mon désir cerne les couronnes de glace
Les grandes belles caravelles d'autrefois

Mes heures faites pour étancher le sang
Sombraient comme des paumes ténébreuses
Au cœur dérisoire des abîmes
Mon jour est dévoré
Dans le langage de mes nuits
La sécheresse de ma poitrine
Halète devant les pistes ignorées
Parmi la chevelure des forêts défendues
Penchées sur les ondes
Dans l'éblouissement solennel des constellations
Mes cavernes de pierre
Sont inaccessibles
Personne ne m'atteindra jamais
Mais ô bel ô clair archange
Ma solitude me glace

16. AMOUR

Je te tenais dans mes bras
Et tu te détachais de moi
Comme la feuille à l'automne de l'arbre
Ah de pourpre et d'or

Je sais tout ce que prend l'espace
La mer gronde sous mes pas

Je sais toute la plainte du monde
Et le noyé inexorable
Parmi la montagne et la vallée
Et les grandes étendues d'eaux muettes
Et les sources jaillissantes
Et les fleuves aux rives de feu

Mais autrefois mais au sommet
De chaque colline
Chaque petit berger
Avec une étoile sous l'aisselle
Chacun guettant avec un visage anxieux
La sourde pâleur de l'aube
Chacun guettant
Le son fatidique des trompettes
Et la poussière à l'horizon
Des hauts murs des villes écroulées

Moi berger
Seulement le toit penché de ma chaumière
Le sentier vers le ruisseau
Ses bras plus blancs dans la nuit
Son sourire heureux et las
Devant les étoiles basses du matin
Ah j'éclate et je bondis
Devant ce ciel fermé
Je brise les os de mes poings
Sur les portes de fer

Mais quelle balle
Peut rejoindre mon cœur

Mais quelle balle
Peut réussir de faire saigner tout mon sang
Mais quelle balle
Pour nous anéantir

Mais sous l'arbre frémissant
De l'approche des noirs cyclones
Devant ces durs océans
Battant leurs vagues follement folles
Nos péchés mêlés à nos doigts humiliés
Prisonnier des mensonges perdus
L'ombre nous avalant comme une poussière
Avais-je la force
De te garder dans mes bras
Comme un avare moribond son trésor

Je jouais mes cris
Parmi le merveilleux sang des jardins
Je pansais l'ivresse de mes blessures
Dans l'étouffement de ma forteresse
Je niais les yeux de diamant
Dans la pauvreté de mes mains
Je ne l'apercevais plus
Qu'aux berges livides
Du sourd grondement moiré des longs fleuves

Mais alors   Alors
Surgissait soudain le jour
Comme une épée d'or
Et elle venait vers moi
Et le flot de la mer
Avec son renflement lisse et d'innocence
La portait vers ma mort
Et chacune à son tour
Les collines surplombant la plage
S'allumaient et brillaient de mille feux
Et les bergers cachaient leurs brebis
Comme autant de rubis
Ô sol fumant encore
Des vapeurs de la nuit

Tu m'apportais ton baiser d'aube
À goût de crépuscule
Tu préparais ma mort
Avec des doigts minutieux
Et dans leur étonnant silence
Sous la pâleur des étoiles vertes
Le lieu nous fixait pour les temps éternels

23. NOCES

Nous sommes debout
Debout et nus et droits
Coulant à pic tous les deux
Aux profondeurs marines
Sa longue chevelure flottant
Au-dessus de nos têtes
Comme des milliers de serpents frémissants
Nous sommes droits et debout
Liés par nos chevilles nos poignets
Liés par nos bouches confondues
Liés par nos flancs soudés
Scandant chaque battement du cœur

Nous plongeons nous plongeons à pic
Dans les abîmes de la mer
Franchissant chaque palier glauque
Lentement avec la plus grande régularité
Certains poissons déjà tournent
Dans un sillage d'or trouble
De longues algues se courbent
Sous le souffle invisible et vert
Des grandes annonciations

Nous nous enfonçons droits et purs
Dans l'ombre de la pénombre originelle
Des lueurs s'éteignent et jaillissent
Avec la plus grande rapidité
Des communications électriques
Crépitent comme des feux chinois autour de nous

Des secrets définitifs
Nous pénètrent insidieusement
Par ces blessures phosphorescentes
Notre plongée toujours défiant
Les lois des atmosphères
Notre plongée défiant
Le sang rouge du cœur vivant

Nous roulons nous roulons
Elle et moi seuls
Aux lourds songes de la mer
Comme des géants transparents
Sous la grande lueur éternelle

Des fleurs lunaires s'allongent
Gravissant autour de nous
Nous sommes tendus droits
Le pied pointant vers les fonds
Comme celui du plongeur renversé
Déchirant les aurores spectrales
L'absolu nous guette
Comme un loup dévorant

Parfois une proue de galère
Avec ses mâts fantômes de bras
Parfois de courts soleils pâles
Soudain déchirent les méduses
Nous plongeons au fond des âges
Nous plongeons au fond d'une mer incalculable
Forgeant rivant davantage
L'implacable destin de nos chaînes

Ah plus de ténèbres
Plus de ténèbres encore
Il y a trop de poulpes pourpres
Trop d'anémones trop crépusculaires
Laissons le jour infernal
Laissons les cycles de haine
Laissons les dieux du glaive
Les voiles d'en haut sont perdues
Dans l'arrachement des étoiles

Avec les derniers sables
Des rivages désertés
Par les dieux décédés

Rigides et lisses comme deux morts
Ma chair inerte dans son flanc creux
Nos yeux clos comme pour toujours
Ses bras mes bras n'existent plus
Nous descendons comme un plomb
Aux prodigieuses cavernes de la mer
Nous atteindrons bientôt
Les couches d'ombre parfaite
Ah noir et total cristal
Prunelles éternelles
Vain frissonnement des jours
Signes de la terre au ciel
Nous plongeons à la mort du monde
Nous plongeons à la naissance du monde

24. CRIS

J'ai vu soudain ces continents bouleversés
Les mille trompettes des dieux trompés
L'écroulement des murs des villes
L'épouvante d'une pourpre et sombre fumée
J'ai vu les hommes des fantômes effrayants
Et leurs gestes comme les noyades extraordinaires
Marquaient ces déserts implacables
Comme deux mains jointes de femme
Comme les grandes fautes sans pardon
Le sel le fer et la flamme
Sous un ciel d'enfer muré d'acier

Du fond des cratères volcaniques
Crachaient les rouges angoisses
Crachaient les âges décédés
Les désespoirs nous prenaient au cœur d'un bond
Les plages d'or lisse le bleu

Des mers inexprimables et jusqu'au bout du temps
Les planètes immobiles   Ô droites   Ô arrêtées
Le long silence de la mort

Ah je vous vois tous et toutes
Dans les petits cimetières fleuris
Aux épaules des églises paroissiales
Sous le léger gonflement de tertres mal soignés
Vous toi et toi et toi et toi
Vous tous que j'aimais
Avec la véhémence de l'homme muet
Je criais mes cris parmi la nuit profonde
Ah ils parlent d'espoir mais où l'espoir
Ils disent que nous nions Dieu
Alors que nous ne cherchons que Dieu
Que Lui seul Lui

Alors les caravanes des pôles
Dans l'avalanche des glaces vertes
Précipitaient leur monstrueux chaos de gel
Au ventre des belles Amériques

Alors nous dans ce jour même
À deux yeux bien fermés
Ô rêve humilié douceur des servitudes
Nous cherchions les sous-bois de pins
Pour chanter la joie de nos chairs
Ah Dieu dans les hautes mains mouvantes des feuillages
Comme nous t'avons cherché
À notre repos nos corps bien clos
Avant le prochain désir comme une bourdonnante abeille

Alors les hauts palmiers des tropiques
Balayant les malarias insidieuses
Courbaient des têtes inconquises
Il y avait une petite voile blanche
Sur une coque rouge-vin
Et toutes les mers étaient à nous
Avec leurs tortues monstrueuses
Et les lamproies romaines
Et les baleines du Labrador

Et les îles qui surgissent du corail
Comme une épreuve photographique
Et ces rochers glacés
Aux têtes de la Terre de Feu
Et toute l'immense mer resplendissante
Et les poumons de ses vagues
Nous balançaient comme de jeunes époux
Mer   Ô mer   Ô Belle nommée
Quelles victoires pour nos défaites

Alors les forêts pleines comme des souterrains
Où nous marchions en écartant les bras
Nous étouffaient par leur secret
Les souvenirs égarés l'enfance perdue
Ce soleil du matin tendre comme une lune
Ah ces jours imaginaires
Au creux des présences d'herbes
Parmi les barreaux de nos prisons
Elle ne sait peut-être pas pleurer librement
Je réclamais un combat silencieux

De grands arbres d'ancêtres tombaient sur nous
Il y avait des moments solennels
Où nous étions portés par l'ombre
Où nous étions tous tués par les genoux
Notre douleur n'égalait pas
Les instances nourries de larmes involontaires
Les ombres voilaient nos visages
Nos pieds nus saignaient sur l'arête du rocher
Et le nouveau jour tendait son piège
Sous les ogives des hauts cèdres

Les forêts dressées mangeaient notre ciel
Ô coulées douces vers les fontaines fraîches
Aux murs d'arbres comme des cloisons définitives
Labyrinthes solennels d'octaves les fronts se penchent
Mousses et stalactites vertu des eaux pétrifiées
Sanglants carnages des prochains deuils
Nous étions humbles sans parler de poésie
Nous étions baignés de poésie et nous ne le savions pas

Nos corps sauvages s'accordaient dans une pudeur insensée
Se frappaient l'un contre l'autre
Comme pour l'assassinat
Quand les délires de la joie venaient
Nous étions émerveillés sous le soleil
Le repos nous transformait
Comme deux morts rigides et secs
Dans les linceuls d'un blanc trop immaculé
Ah souffles des printemps Ah délices des parfums
Fenêtres ouvertes au creux des carrefours des villes
On voulait voir une feuille verte
Un oiseau le reflet bleu du lac
Des sapins autour les poumons enfin délivrés
Nous nous prenions la main
Nous avancions dans la vie
Avec cette quarantaine d'années accumulées
Chacun de nous
Veuf deux ou trois fois
De deux ou trois blessures mortelles
Nous avions survécu par miracle
Aux démons des destructions

CHRONOLOGIE [1]

1900   Le 25 mai, naissance à Saint-Casimir de Portneuf d'Alain Grandbois, fils d'Henri Grandbois et de Bernadette Rousseau.

1907-18 Vie libre entrecoupée d'études irrégulières, mais couronnées de succès.

1918   Voyage à travers le Canada. Parti pour quelques semaines, il revient plus de six mois plus tard.

1919   Inscrit à Saint-Dunstan University (Ile du Prince-Edouard).

1920   Voyage à Paris.

1921-22 Séjour en Europe, particulièrement à Florence où il suit des cours de peinture.
        Revient à Québec — Etudes de Droit.

1925   Admis au Barreau du Québec.

1925-38 Vit à Paris ou à Port-Cros. Voyage en Europe, en Afrique et en Asie.

1933   Publication à Paris de *Né à Québec*.

1934   Publication à Hankéou de *Poèmes* (150 exemplaires).

1939   Retour au Canada.

1941   Publication des *Voyages de Marco Polo;* prix David pour cet ouvrage.

1942   Travaille à Montréal, à la bibliothèque Saint-Sulpice.

1944   Publication des *Iles de la nuit.*
        Membre fondateur de l'Académie canadienne-française[2]

---

1. Pour une chronologie plus détaillée, voir Jacques Brault, *Alain Grandbois,* Montréal, Fides, coll. «Classiques canadiens», 1967.

2. Les autres membres fondateurs, outre Victor Barbeau à qui revient l'initiative, étaient: Marius Barbeau, Roger Brien, Robert Charbonneau, Robert Choquette, Marie-Claire Daveluy, Léo-Paul Desrosiers, Guy Frégault, Lionel Groulx, François Hertel, Louis Lachance, Gustave Lamarche, Rina Lasnier, Philippe Panneton.

1945	Publication d'*Avant le chaos.*
1945-46	Collabore à *Poésie 46* (revue française) et *Liaison.*
1947	Prix David pour *Les Iles de la nuit.*
1948	Publication de *Rivages de l'homme.*
1950	Prix Duvernay pour l'ensemble de son oeuvre.
1951	Ecrit les textes de *Visages du monde* (CBF).
1954	Reçoit la médaille Lorne Pierce de la Société Royale du Canada.
1955	Boursier de la Société Royale: voyage en Europe.
1957	Publication de *L'Étoile pourpre.*
1958	Reçoit une seconde fois le prix Duvernay.
1960	Boursier du Conseil des Arts (Ottawa). Séjour en Europe.
1961	Travaille au Musée de la Province, à Québec.
1963	Publication de *Poèmes* qui réunit les trois recueils de poésie déjà parus.
1964	Réimpression d'*Avant le chaos,* suivi de quatre nouvelles inédites.
1965	Voyage en Europe.
1969	Réédition des *Voyages de Marco Polo.*
1970	Prix David pour l'ensemble de son oeuvre.

CHRONOLOGIE COMPARÉE DES PRINCIPALES PUBLICATIONS QUÉBÉCOISES DE 1930 À 1960

CHRONOLOGIE COMPARÉE DES PRINCIPALES

P o é s i e

1930   Alfred DesRochers : *À l'ombre de l'Orford*

1931

1933   Robert Choquette : *Poésies nouvelles*

1934

1937   Saint-Denys Garneau : *Regards et jeux dans l'espace*

1938

1941   Rina Lasnier : *Images et Proses*

1944   Alain Grandbois : *Les Îles de la nuit*

1945

1947

1948   Alain Grandbois : *Rivages de l'homme*

PUBLICATIONS QUÉBÉCOISES DE 1930 À 1960

Prose

Léo-Paul Desrosiers : *Nord-Sud*

Claude-Henri Grignon : *Un homme et son péché*

Alain Grandbois : *Né à Québec* (Paris)

Jean-Charles Harvey : *Les demi-civilisés*

Félix-Antoine Savard : *Menaud, maître-draveur*

Léo-Paul Desrosiers : *Les engagés du Grand Portage*

Ringuet : *Trente arpents*

Alain Grandbois : *Les voyages de Marco Polo*

Léo-Paul Desrosiers : *Les opiniâtres*

Clément Marchand : *Courriers de village*

Roger Lemelin : *Au pied de la pente douce*

Yves Thériault : *Contes pour un homme seul*

Germaine Guèvremont : *Le Survenant*

Gabrielle Roy : *Bonheur d'occasion*

Alain Grandbois : *Avant le chaos*

Clément Marchand : *Les soirs rouges*

Félix Leclerc : *Pieds nus dans l'aube*

Roger Lemelin : *Les Plouffe*

André Giroux : *Au-delà des visages*

Robert Charbonneau : *Les désirs et les jours*

CHRONOLOGIE COMPARÉE DES PRINCIPALES

Poésie

1949   Saint-Denys Garneau : *Poésies complètes*

1950   François Hertel : *Mes naufrages*

1951

1953   Robert Choquette : *Suite marine*

            Anne Hébert : *Le tombeau des rois*

1956   Rina Lasnier : *Présence de l'absence*

1957   Alain Grandbois : *L'étoile pourpre*

1959

1964

PUBLICATIONS QUÉBÉCOISES DE 1930 À 1960

Prose

Alain Grandbois : *Né à Québec*
(réédition québécoise, Fides)

Anne Hébert : *Le torrent*

André Langevin : *Évadé de la nuit*

Yves Thériault : *Le dompteur d'ours*

Marie-Claire Blais : *La belle bête*

Alain Grandbois : *Avant le chaos* (réédition)

BIBLIOGRAPHIE [1]

OUVRAGES D'ALAIN GRANDBOIS

I. LIVRES

1. *Prose*

NÉ À QUÉBEC... LOUIS JOLLIET, Paris, Messein, 1933. Réédité en 1949, chez Fides, coll. du Nénuphar.

LES VOYAGES DE MARCO POLO, Montréal, Valiquette, 1941. Réédité chez Fides, coll. du Nénuphar, 1969.

AVANT LE CHAOS, Montréal, les Éditions Modernes, 1945. Réédité en 1964, chez H.M.H. AVANT LE CHAOS, nouvelle édition suivie de quatre nouvelles inédites.

2. *Poésie*

POÈMES (hors commerce) Hankéou (Chine), 1934.

LES ÎLES DE LA NUIT, avec 5 dessins originaux d'Alfred Pellan, Montréal, Parizeau, 1944.

RIVAGES DE L'HOMME, Québec, 1948.

L'ÉTOILE POURPRE, Montréal, L'Hexagone, 1957.

POÈMES (*Les Îles de la nuit, Rivages de l'homme, L'Étoile pourpre*), Montréal, L'Hexagone, 1963.

---

1. Pour une bibliographie plus complète, cf. Jacques Brault, *Alain Grandbois,* Montréal, Fides, 1967. Coll. «Classiques canadiens», no 13.

II. ARTICLES

1. *Critique*

«*Ballade de la petite extrace*, d'Alphonse Piché» in *Liaison* 5 (1947), 297-298.

«*Félix* de Jean Simard», *Ibid.*, 6 (1947) 364-365.

«*Ô Canada, terre de nos aïeux*, de Marie Lefranc», *Ibid.*, 9 (1947) 542-544.

2. *Réflexion sur l'activité poétique et la situation du poète dans la société*

«Le faux malentendu» in *Liaison* 4 (1947) 227-229.

«À propos de la poésie» in *Amérique française*, no 2 (1952) 33-36.

«La poésie» in *Liberté 60*, mai-août 1960.

3. *Divers*

«Témoignage sur Saint-Denys Garneau» dans *Notre temps*, 17 mai 1947.

«Opinions sur André Gide» dans *Nouvelle Revue Canadienne* I (1951) 53-54.

«Voyages» dans *Huit conférences*, Montréal.

Le Club littéraire et musical (1952-1953) 129-147.

«Marcel Dugas» dans *Cahiers de l'Académie canadienne-française*, 1963.

«Introduction aux *Lettres de la religieuse portugaise*», in *Liberté*, 51 (mai-juin 1967) 6-11.

III. PRÉFACES

Objets trouvés de Sylvain Garneau, Montréal, Ed. de Malte, 1951.

Biobibliographie de Roger Duhamel, de Paule Rolland, Montréal, École de bibliothécaires, 1952.

Philtres et poisons, de Philippe La Ferrière, Montréal, 1954.

ÉTUDES SUR ALAIN GRANDBOIS

I. ÉTUDES D'ENSEMBLE

BRAULT (Jacques), *Alain Grandbois*, Paris, Seghers, 1968. Coll. «Poètes d'aujourd'hui».

LEBLANC (Léopold), *Alain Grandbois ou la tentation de l'absurde*. Thèse inédite, Université de Montréal, 1957.

Toutes les anthologies et histoires de la littérature québécoise ont des pages consacrées à Grandbois.

Instrument de travail:

BAUDOT (Jean-A.), *Dictionnaire du vocabulaire d'Alain Grandbois*, le Centre de Calcul de l'Université de Montréal, 1966, 903 p.

Introduction à l'oeuvre:

BRAULT (Jacques), *Alain Grandbois*, Montréal, Fides, 1958. Coll. Classiques canadiens, no 13.

LEBEL (Maurice), *D'Octave Crémazie à Alain Grandbois*, Québec, Éditions de l'Action, 1963, p. 272-285.

MARCOTTE (Gilles), *Une littérature qui se fait*, Montréal, H.M.H. 1962, p. 243-256.

Interviews:

DAIGNEAULT (Claude), *Le Soleil*, vol. 68, no 216, 11 sept. 1965.

GODIN (Gérald), *Le Nouveau Journal*, 3 et 10 mars 1962.

ROBERT (Guy), *Le Devoir*, 26 oct. 1963.

Témoignages sur l'influence de Grandbois:

Liberté 60 (mai-août).

Enquête de Jean-Guy Pilon et Gaston Miron, dans *Amérique française* XII, 1954, p. 473-476.

DUBÉ (Marcel), Conférence à l'Institut canadien, rapportée dans *Le Soleil*, vol. 69, no 295, 13 déc. 1966 et *L'Action*, vol. 59, no 17, 30 déc. 1966.

Indices biographiques:

CHEVALIER (Willie), *Le Digeste français*, no 136, (1951) p. 66-71.

DUGAS (Marcel), *Approches*, Québec, Ed. du Chien d'Or, 1942.

II. ÉTUDES SUR LES OEUVRES EN PARTICULIER

1. *Né à Québec*

   1re édition:

   ASSELIN (Olivar), *Le Canada*, 8 janvier 1934.

   DUGAS (Marcel), *Approches*, Québec, Ed. du Chien d'Or, 1942.

   HÉBERT (Maurice), *Les Lettres au Canada français*, Montréal, Ed. Albert Lévesque, 1936, p. 53-71.

   Édition canadienne:

   BARBEAU (Victor), *Liaison*, 3, 1949, p. 218-219.

   DUHAMEL (Roger), *Montréal-Matin*, 2 avril 1949.

2. *Les Voyages de Marco Polo*

   1re édition

   BÉGIN (abbé Émile), *L'Enseignement secondaire au Canada*, oct. 1942, p. 71-73.

   TRUDEAU (Pierre-Elliott), *Amérique française*, 1, 1941, p. 45-46.

3. *Avant le chaos*

   1re édition

   BÉGIN (abbé Émile), *L'Enseignement secondaire au Canada*, oct. 1945.

   CHOPIN (René), *Le Devoir*, 21 avril 1945.

   DUHAMEL (Roger), *L'Action nationale*, vol. 25, 1945, p. 291-293.

   Réédition:

   BLAIN (Maurice), «Adieu à une civilisation intérieure», dans *Cité Libre*, nov. 1964.

   MARCOTTE (Gilles), «Ô beaux visages de mon passé», *La Presse*, 25 avril 1964.

   RENAUD (André), *Livres et auteurs canadiens* 1964, p. 19-20.

   SYLVESTRE (Guy), *Le Devoir*, 30 mai 1964.

4. *Les Îles de la nuit*

   BÉGIN (Émile), *L'Enseignement secondaire au Canada*, nov. 64.

CHOPIN (René), *Le Devoir*, 2 sept. 1949.

EGMONT, *La Revue populaire*, août 1944.

GARNEAU (René), *Le Canada*, 22 oct. 1945, supplément littéraire, I.

5. *Rivages de l'homme*

DUHAMEL (Roger), *Montréal-Matin*, 13 juillet 1948.

HAMEL (Charles), *Le Canada*, 11 déc. 1948.

HOULE (Jean-Pierre), *L'Action nationale*, no 33, janv. 1949, p. 26 à 33.

LAMARCHE (Gustave), *Liaison*, vol. 2, 1949.

RACETTE (Jacques-Thomas), *Revue Dominicaine*, vol. LV, no 2 mars 1949, p. 167-171.

6. *L'Étoile pourpre*

DE GRANDPRÉ (Pierre), *Le Devoir*, 15 février 1958.

MAILLET (Andrée), *Le Petit Journal*, 12 janv. 1958.

MARCOTTE (Gilles), *Cité Libre*, no 20, mai 1958.

SAINT-MARTIN (Fernande), *La Presse*, 28 déc. 1957.

7. *Poèmes*

HAMELIN (Jean), «L'intégrale de l'oeuvre poétique d'Alain Grandbois», *Québec 69*, mai 64.

MARCOTTE (Gilles), *La Presse*, 14 sept. 63.

VACHON (André), *Relations*, nov. 63, p. 329.

TABLE DES MATIÈRES

189

Achevé d'imprimer à Montréal par Les Presses Elite,
pour le compte des Éditions Fides,
le cinquième jour du mois de novembre
de l'an mil neuf cent soixante-quinze

Dépôt légal — 4e trimestre 1975
Bibliothèque nationale du Québec